LOTEAMENTOS ILEGAIS
ÁREAS URBANAS DE GÉNESE ILEGAL – AUGI

ANTÓNIO JOSÉ RODRIGUES
Advogado (reformado) e autarca

LOTEAMENTOS ILEGAIS
ÁREAS URBANAS DE GÉNESE ILEGAL – AUGI
Lei n.º 91/95, de 2 de Setembro

Com as alterações introduzidas pelas Leis números 165/99, de 14 de Setembro, 64/2003, de 23 de Agosto e 10/2008, de 20 de Fevereiro.

4.ª EDIÇÃO

Com anotações e comentários

ALMEDINA

LOTEAMENTOS ILEGAIS
ÁREAS URBANAS DE GÉNESE ILEGAL – AUGI

AUTOR
ANTÓNIO JOSÉ RODRIGUES

EDITOR
EDIÇÕES ALMEDINA, SA
Av. Fernão Magalhães, n.° 584, 5.° Andar
3000-174 Coimbra
Tel.: 239 851 904
Fax: 239 851 901
www.almedina.net
editora@almedina.net

PRÉ-IMPRESSÃO | IMPRESSÃO | ACABAMENTO
G.C. – GRÁFICA DE COIMBRA, LDA.
Palheira – Assafarge
3001-453 Coimbra
producao@graficadecoimbra.pt

Janeiro, 2010

DEPÓSITO LEGAL
304350/10

Os dados e as opiniões inseridos na presente publicação
são da exclusiva responsabilidade do(s) seu(s) autor(es).

Toda a reprodução desta obra, por fotocópia ou outro qualquer
processo, sem prévia autorização escrita do Editor, é ilícita
e passível de procedimento judicial contra o infractor.

Biblioteca Nacional de Portugal – Catalogação na Publicação

PORTUGAL. Leis, decretos, etc.

Loteamentos ilegais: áreas urbanas de génese
ilegal – AUGI/anot e coment. António José
Rodrigues. – 4ª ed. – (Legislação anotada)
ISBN 978-972-40-4055-4

I – RODRIGUES, António José

CDU 349

ABREVIATURAS UTILIZADAS AO LONGO DAS ANOTAÇÕES

Sigla/Assunto	Diploma legal (quando existe)
AC – Administração Central	
AL – Administração Local	
AML – Área Metropolitana de Lisboa	
AUGI – Área Urbana de Génese Ilegal	Lei 91/95, de 2/9, com as alterações indicadas supra.
CA –– Contribuição Autárquica (agora IMI)	
CC – Código Civil	D.L. 47.344, de 25/11/66
CPA – Código do Procedimento Administrativo	D.L. 442/91, de 15/11, alterado pelo D.L. n.º 6/96, de 31/1.
CRP – Constituição da República Portuguesa	Lei Constitucional 1/97, de 20/9
Crp – Código do registo predial	D. L. n.º 224/84, de 6/7, alterado e republicado pelo D.L. n.º 116/2008, de 4/7
CT do IRN – Conselho Técnico do Instituto dos Registos e Notariado	
DL – Decreto-lei	
DN – Despacho Normativo	
DR – Decreto Regulamentar	
CEDOUA – Centro de Estudos de Direito do Ordenamento, do Urbanismo e do Ambiente	
CEFA – Centro de Estudos e Formação Autárquica	
IGT – Instrumentos de Gestão Territorial	Regulado pelo D.L. n.º 380/99, de 22/9, alterado pelo D.L. n.º 316/07, de 19/9.
IMI – Imposto Municipal sobre Imóveis	D.L. n.º 287/2003, de 12/11.
L – Lei	
LAL – Lei das Autarquias Locais	Lei 169/99, de 18/9
LBPOTU – Lei de Bases da Política de Ordenamento do Território e do Urbanismo	Lei 48/98, de 11/8
MP – Ministério Público	
P – Portaria	
PDM – Plano Director Municipal	Regulado pelo D.L. n.º 380/99, de 22/9, alterado pelo D.L. n.º 316/07, de 19/9.

PEOT – Plano Especial de Ordenamento do Território	Regulado pelo D.L. n.º 380/99, de 22/9, alterado pelo D.L. n.º 316/07, de 19/9.
PMOT – Plano Municipal de Ordenamento do Território	Regulado pelo D.L. n.º 380/99, de 22/9, alterado pelo D.L. n.º 316/07, de 19/9.
PP – Plano de Pormenor	Regulado pelo D.L. n.º 380/99, de 22/9, alterado pelo D.L. n.º 316/07, de 19/9.
PU – Plano Urbanístico	Regulado pelo D.L. n.º 380/99, de 22/9, alterado pelo D.L. n.º 316/07, de 19/9.
RAN – Reserva Agrícola Nacional	D.L. n.º 73/2009, de 31/3
RAU – Regime do Arrendamento Urbano	D.L. 321-B/90, de 15/10
REN – Reserva Ecológica Nacional	D.L. n.º 166/2008, de 22/8
RGEU – Regulamento Geral das Edificações Urbanas	D.L. 38.382, de 7/8/51
RJIGT – Regime Jurídico dos Instrumentos de Gestão Territorial	Regulado pelo D.L. n.º 380/99, de 22/9, alterado pelo D.L. n.º 316/07, de 19/9 e pelo D.L. n.º 46/2009, de 22/9.
RJUE – Regime Jurídico da Urbanização e da Edificação	D.L. 555/99, de 16/12, com a última alteração efectuada pela Lei n.º 60/2007, de 4/9.
ADUP – Área de Desenvolvimento Urbano Prioritário	D.L 152/82, de 3/5

NOTA À 4.ª EDIÇÃO

Esta nova edição sobre os Loteamentos Ilegais resulta das razões seguintes: em primeiro lugar, porque está esgotada a última edição; por outro lado, foram introduzidas novas alterações à Lei das AUGI pela Lei n.º 10/2008, de 20 Fevereiro; em terceiro lugar, tendo decorrido mais de treze anos após a publicação da primeira Lei das AUGI (Lei n.º 91/95, de 2/9) justifica-se fazer novas e mais profundas reflexões sobre a aplicação da mesma Lei, o que nem sempre tem sido consensual entre os diversos intervenientes nos processos de reconversão das AUGI devidamente delimitadas.

Decorrido este período de vigência da Lei, com as alterações que lhe foram sendo introduzidas oportunamente, estamos certos da oportunidade da sua concepção, aprovação e publicação, bem como da sua justeza, o que possibilitou a reconversão de umas dezenas de "bairros ilegais", embora muitos outros processos se encontrem ainda em fase de finalização.

Repetimos que existem divergências de interpretação, em especial no âmbito da compatibilidade com as regras do registo predial, em que nem sempre se aceita a prevalência das regras das AUGI, não obstante logo no número um do seu artigo primeiro se cominar que *"A presente lei estabelece um **regime excepcional** para a reconversão urbanística das AUGI"*, desenvolvendo e sistematizando seguidamente um conjunto de regras substantivas e especiais que, em nosso entender, deverão prevalecer sobre as regras gerais e adjectivas cominadas no Código do Registo Predial.

Em alguns dos comentários que iremos desenvolver ao longo do articulado legal, procuraremos exemplificar com algumas das interpretações controversas de uns poucos intervenientes processuais, que sempre têm resultado em prejuízo de dezenas ou centenas de comproprietários das AUGI, sem benefício de ninguém, muito embora os Tribunais e o próprio Instituto dos Registos e do Notariado tenham tomado posições muito correctas a favor da simplificação, conforme veremos adiante.

Nesta nova edição iremos também reformular e precisar mais detalhadamente as notas introdutórias sobre os loteamentos ilegais, em especial nos seus antecedentes históricos e de normatividade urbanística e, ainda, da condicionante social, para melhor entendimento do conteúdo normativo do diploma legal que visa solucionar os problemas criados com os mencionados loteamentos ilegais. Para melhor enquadramento e sistematização transferimos para a Introdução algumas notas que, nas edições anteriores, seguiam os articulados dos artigos 1.º e 2.º da Lei.

Finalmente, também iremos citar alguns comentários de trabalhos editados por outros autores e especialistas na área do direito do urbanismo, conforme bibliografia inserida no final.

Mais uma vez deixo formulado o desejo de que tenha sido alcançado o objectivo de melhorar este modesto trabalho.

O autor

INTRODUÇÃO E BREVE CRONOLOGIA HISTÓRICA

1 – Para melhor enquadramento da exposição e do estudo que vamos fazer sobre neste trabalho, começaremos por abordar genericamente a evolução do direito do urbanismo desde a antiguidade até aos nosso dias, referindo a sua evolução histórica, as políticas legislativas e alguns aspectos de âmbito social e económico, que se interligam entre si. Para sermos mais rigorosos, iremos seguir alguns especialistas na matéria do urbanismo através das suas obras doutrinais que têm vindo a desenvolver e a sistematizar, especialmente com finalidades académicas.

2 – Após a súmula extraída nos termos referidos no ponto anterior, ficaremos na posse de indispensáveis dados para melhor analisarmos, em especial, o surgimento e a problemática dos "bairros ilegais" que proliferaram no nosso país a partir da década de sessenta do século XX. Concluiremos esta introdução observando ainda algumas insuficiências, lacunas e falta de sistematização que melhor poderão ser supridas com um Código do Direito do Urbanismo.

3 – Tendo em vista documentar tão rigorosamente quanto possível esta breve introdução de carácter histórico, começamos por seguir Freitas do Amaral (Apontamentos de Direito do Urbanismo, páginas 4 e seguintes), citando pequenos extractos que nos parecem importantes do estudo que desenvolve sobre "*O urbanismo*", o qual subdivide em quatro sentidos diferentes: "*Como fenómeno social, como técnica, como ciência e como política pública*".

a) "*O crescimento da população urbana em Portugal não tem sido homogéneo, sendo de salientar dois aspectos. Por um lado, verifica-se uma grande concentração urbana nas áreas metropolitanas de Lisboa e Porto, onde existe cerca de 40% da população portuguesa para 5% do território nacional; por outro lado, verifica-se um enorme contraste* *entre uma faixa litoral densamente povoada (cerca de 77% da população para 32% do território) e um interior escassamente povoado (cerca de 23% da população para 68% do território).*

b) *A urbanização é, pois, o fenómeno social que se traduz na migração dos campos para as cidades e, portanto, no aumento constante dos meios urbanos e das populações vivendo em meios urbanos.*

c) *As causas dessa mutação são: Em primeiro lugar, os salários na agricultura eram mais baixos do que os salários na indústria e nos serviços, que se concentravam nos meios urbanos. A cidade oferecia melhor qualidade de vida (…)*

d) *Como consequência dos problemas gerados pela urbanização, as grandes cidades cresceram desordenadamente, e proliferaram os bairros desumanos ("bairros de lata" em Portugal, "favelas" no Brasil, "bidonvilles" em França, "slumps" na Grã-Bretanha).*

e) *A técnica urbanística nasceu quando os Homens perceberam que o fenómeno da urbanização não poderia ser anárquico, e que a construção das cidades teria que ser disciplinada por um exercício racional de inteligência (…)*

f) *São manifestações históricas dessa preocupação, entre outras, as cidades dos faraós, a Torre de Babel ou a Atenas de Péricles.*

g) *No entanto, é na segunda metade do século XIX, na sequência do surto de urbanização gerado pela Revolução Industrial, que aquela preocupação de ordenar correctamente o crescimento das cidades é assumida claramente como uma função pública, tendo-se assistido, então, a um movimento generalizado de planeamento da expansão das principais cidades europeias, onde se destacam os exemplos de Paris, sob a orientação do Barão de Haussman, e de Barcelona, sob a batuta do arquitecto Cerdá (1859).*

h) *Mais recentemente, cumpre realçar o projecto do arquitecto Oscar Niemayer para a edificação de Brasília como capital do Brasil, de 1956, um dos exemplos mais marcantes de construção de raiz de uma nova cidade.*

i) *Entre nós, estas questões fizeram-se sentir com intensidade aquando da elaboração dos planos de reconstrução da baixa pombalina, por Manuel da Maia, na sequência do terramoto de 1755 em Lisboa.*

4 – Voltando à evolução histórica, afirma Freitas do Amaral (Apontamentos de Direito do Urbanismo, páginas 64 a 69)

a) *21. Antiguidade Oriental: A cidade, obra exclusiva do poder; O Palácio Imperial como centro da cidade; Sociedade colectivista e Estado totalitário: o urbanismo tem carácter imperativo e tem natureza pública; Desconhecem-se elementos sobre Direito do urbanismo nesta época.*

b) *22 – Antiguidade Clássica: A **polis** grega. Grande importância da cidade na civilização grega. Desconhecem-se, no entanto, elementos sobre o Direito do Urbanismo grego; Roma – A **Civitas** como projecto de interesse público; Aparecimento das primeiras normas jurídicas (conhecidas) em matéria de urbanismo.*

c) *23 – A idade média: A Baixa Idade Média (até ao séc. XI) caracteriza-se por um "<u>eclipse da vida urbana;</u> A Alta Idade Média (a partir do séc. XII) assiste a uma verdadeira explosão urbana: os burgos, os concelhos e os forais.*

d) *24 – Idade Moderna: Profundas alterações na urbanística e arquitectura das cidades europeias do Renascimento e do Barroco.*

e) *25 – O absolutismo: Acentua-se o poder absoluto do príncipe iluminado, rodeado de majestade e esplendor; a cidade passa a ser expressão do poder real absoluto; Formas rectilíneas. <u>"O quadrado"</u> e a <u>"estrela"</u>. Traços fundamentais da urbanística do Absolutismo: a linha recta, a perspectiva monumental, e o programa.*

f) *26 – O Estado liberal: Liberdade da propriedade da terra de vínculos feudais; a liberdade de edificação e sua progressiva limitação; Redução das intervenções do poder central, e aumento dos poderes municipais; Os contributos urbanísticos do Código Administrativo de 1842 (Costa Cabral): projectos de construção sujeitos a licença camarária, alinhamentos, posturas municipais sobre o <u>"prospecto dos edifícios dentro das povoações";</u> – (...)<u>; Importância do Regulamento de Salubridade das Edificações Urbanas (1903); Nula contribuição da 1.ª República (1910-1926) para o progresso do nosso Direito do Urbanismo.</u>*

g) *27 – O Estado autoritário nacionalista: Traços específicos do "Estado Novo" (1926-1974: autoritarismo e centralização, por um* *lado, mas bastante eficiência técnica das obras públicas e do urbanismo, por outro; Todas as principais áreas do moderno Direito do Urbanismo são cobertas por diplomas emanados neste período:*

- *Planos de urbanização em 1934 e 1944; Código Administrativo de 1936-40; RGEU, 1951; Loteamentos urbanos: 1965 e 1973; Licenciamento de obras particulares: 1970; Primeira lei dos solos: 1970;*
- *Caracteres dominantes desta legislação: intervencionismo estadual forte, clara supremacia do poder central sobre as câmaras municipais, escasso reconhecimento de garantias dos particulares e, na última fase do período (1970-74), certo pendor socializante da política de solos.*

h) 28 – *O Estado Social de Direito: Adaptação da legislação urbanística herdada do* "Estado Novo" *ao novo enquadramento constitucional (democracia, Estado de Direito, garantias dos particulares; Manutenção do pendor socializante da legislação urbanística; Reforço da supremacia e controle apertado do poder central sobre os municípios, ao arrepio da orientação descentralizadora e autonomista da Constituição.*

Momentos principais:
- *Nova lei dos solos, 1976;*
- *Manutenção do CA e do RGEU, embora com numerosas alterações;*
- *Criação do Plano Director Municipal (PDM): 1982,1990;*
- *Subordinação do urbanismo ao ordenamento do território: 1988;*
- *Reformas profundas dos regimes de loteamento urbano e de licenciamento de obras particulares (1991-92)*
- *Melhoria das garantias dos particulares no novo Código das Expropriações (1991)*
- *Tendência para a publicização do "jus aedificandi".*
- *A legislação urbanística continua, porém, dispersa por numerosos diplomas avulsos (falta de um Código do Urbanismo) e continua a ser influenciada pela tecnoestrutura dos ministérios, sem debate político ou parlamentar, e sem colaboração das Universidades*

5 – De seguida, e ainda sobre a evolução histórica deste tema, passaremos a seguir Fernando Alves Correia, extraindo pequenos textos do seu manual também interessantes para o nosso trabalho.

Como verificámos em Freitas do Amaral *"A técnica urbanística nasceu quando os Homens perceberam que o fenómeno da urbanização não poderia ser anárquico, e que a construção das cidades teria que ser disciplinada por um exercício racional de inteligência (...)"*.

6 – Também Alves Correia, bem como outros especialistas, partem dos mesmos pressupostos, embora utilizando outra terminologia.

Vejamos algumas normas primitivas sobre a evolução do direito do urbanismo (Manual de Direito do Urbanismo, páginas 27 e seguintes): *"O urbanismo como técnica. Evolução histórica das principais técnicas urbanísticas.*

a) *Alinhamento* (obra acima citada, páginas 27 e 28)

"O alinhamento apresenta-se como uma das técnicas mais antigas do urbanismo. Consiste, de um modo geral, na fixação de uma linha que delimita as zonas edificáveis das não edificáveis, definindo, consequentemente, as ruas, as praças e o próprio recinto da cidade. A legislação sobre o alinhamento constitui o mais forte impulso na génese de um direito do urbanismo e de um ordenamento jurídico dos solos de natureza territorial. A fixação de uma linha em relação à via traduzia uma decisão policial de proibição de construir para além dela, na direcção do corpo da rua ou da estrada. O alinhamento tanto podia ser determinado para um só terreno, como para um conjunto de terrenos.

(...) o alinhamento caracterizava-se por ser, no século XIX, uma medida corrente de intervenção da Administração Pública no domínio do direito de construção individual, com a finalidade de proibir a realização de edificações, por motivos de polícia urbana (...) como uma primeira limitação da liberdade de aproveitamento do solo para fins de edificação. Esta técnica continua a desempenhar no urbanismo dos nossos dias um papel insubstituível (...)."

Continuando a seguir este último autor e a mesma obra citada:

b) *Expansão e renovação urbana* (página 29)

"A renovação urbana significa, de um modo geral, o derrube de bairros antigos para abrir novas ruas e construir edifícios mais higiénicos e de melhor qualidade arquitectónica. Estas duas técnicas urbanísticas tiveram uma acentuada projecção no país vizinho com o Plano Castro de Madrid, de 1860, e o Plano Cerdá de Barcelona, de 1859."

c) *O zonamento* (página 31)

"*O zonamento é, nos nossos dias, uma técnica fundamental do planeamento urbanístico. Constitui um elemento essencial do conteúdo material e do conteúdo documental dos planos territoriais, em particular dos planos municipais de ordenamento do território (que abrangem os planos directores municipais, os planos de urbanização e os planos de pormenor), e está na base da classificação do solo (que tem a ver com o destino básico dos terrenos e assenta, de acordo com o regime actualmente vigente, na distinção fundamental entre solo rural e solo urbano) (...) (cfr. Os artigos 71.º ... do D.L. n.º 380/99, de 22/9.*"

7 – Como verificámos em Freitas do Amaral, as políticas urbanísticas em Portugal só começam a fazer-se sentir, de forma sistematizada e codificada, *com o Estado Novo (1926-1974)*, em que se realça a intervenção de Duarte Pacheco. Na verdade, as mais importantes iniciativas do moderno direito do urbanismo são tratadas em diplomas deste período: *Planos de urbanização em 1934 e 1944; Código Administrativo de 1936-40*.

8 – Mas o primeiro diploma que trata o assunto com algum desenvolvimento é o RGEU (apenas com normas de carácter técnico), aprovado pelo D.L. n.º 38.382, de 7 de Agosto de 1951, que se mantém em vigor com diversas alterações ao longo dos anos da sua vigência.

9 – Foi neste contexto que surgiu o Decreto-lei n.º 46.673, de 29 de Novembro de 1965, que é bem a prova de que era preciso fazer alguma coisa para colmatar a falta de regras no previsível desenvolvimento urbanístico, podendo ler-se no preâmbulo deste último diploma legal:

"Em várias regiões do país em que se está processando ou simplesmente se presume que venha a processar-se no futuro próximo intenso desenvolvimento urbanístico, tem sido verificada, com frequência crescente, actividade especulativa de indivíduos ou de empresas para o efeito constituídas, visando o aproveitamento indiscriminado de terrenos para a construção urbana. Assim, têm vindo a formar-se, por vezes através de operações muito vultosas, aglomerados populacionais criados sem sujeição a qualquer disciplina, os quais prejudicam ou contrariam os planos municipais para o aproveitamento dessas regiões.

(...)

Estas actividades especulativas, além de lesarem, por vezes, os compradores de boa fé, criam para as câmaras municipais sérios problemas de ordem financeira, pois mais cedo ou mais tarde elas serão chamadas a realizar importantes obras de urbanização, impostas pela necessidade de se dotarem os núcleos habitacionais com os indispensáveis acessos, redes de abastecimento de água e de drenagem de esgotos, espaços livres, etc., e procederem à sua conservação, assumindo encargos que não têm qualquer compensação e que, na maior parte dos casos, não podem ser suportados pelo erário municipal sem prejuízo dos seus programas normais de actividade. Impõe-se, consequentemente, facultar às autoridades administrativas responsáveis os meios legais que as habilitem a exercer eficiente intervenção nas operações de loteamento urbano."

10 – Nos artigos primeiro e segundo do D. L. n.º 46.673, definiu-se o que era o loteamento urbano que dependia de licença da câmara municipal. Mas não se disciplinou a forma de celebração dos negócios jurídicos relativos a terrenos rústicos, pelo que os promotores de loteamentos clandestinos, na mira única e exclusiva de ganhar dinheiro fácil, continuaram a parcelar prédios rústicos em lotes urbanos, continuando a enganar os incautos e a criar complicações e despesas urbanísticas para os municípios.

11 – Freitas do Amaral (Apontamentos de Direito do Urbanismo, pág. 244 e 245), analisando a evolução do regime jurídico da urbanização por iniciativa privada, afirma que as operações urbanísticas (…) *"tradicionalmente eram de iniciativa particular, e era essencialmente livre, não estando regulada por lei nem sujeita a controlos administrativos. Aqueles que possuíam terrenos podiam, querendo, vendê-los em parcelas ou lotes, só estando sujeitos a um controlo administrativo da construção propriamente dita.*

A maior parte das cidades portuguesas até 1945 – até ao fim da 2.ª Guerra Mundial – foram feitas por iniciativa particular, porque as pessoas iam construindo as suas casas aqui e além; os nobres construíram os seus palácios, a burguesia construía os seus prédios de andares ou as suas moradias de habitação; as classes mais pobres ou habitavam em casas que lhes eram fornecidas pelas classes mais abastadas, ou construíram as suas próprias pequenas casas de habitação. (…)

E, assim, foram nascendo bairros, conjuntos de casas aqui e além, um pouco como os cogumelos nascendo livremente nos campos, o que gerou um urbanismo muito indisciplinado e muito desordenado.

Isto levou, primeiro, os especialistas da arquitectura e da engenharia, depois, a opinião pública e, por fim, os políticos e os legisladores, a quererem intervir, estabelecendo alguns padrões de racionalidade para esse fenómeno.

E foi então que a as urbanizações passaram, em parte, a ser feitas por iniciativa da Administração Pública. (…)

É um diploma ainda do período do Estado Novo – D.L. n.º 46.673, de 29/11/1965 – que veio regular pela primeira vez as operações que até aí tinham a designação genérica de urbanização de loteamento urbano."

12 – *"Recorde-se que até ao ano de 1965, apenas a Administração Pública tinha o direito de urbanizar pelo que, anteriormente a esta data, os loteamentos realizados por particulares eram igualmente "tecnicamente clandestinos, dada a exclusividade legal do estado nesse papel e não tanto por desrespeito de definições do solo urbano/rústico. Esta Administração Pública passou, na forma da Direcção-Geral do Planeamento Urbanístico (DGPU) e a partir da publicação do D.L. n.º 46.673, de 1965, a ter o poder de permitir ou impedir urbaniza-*

ção de iniciativa particular e/ou definir condicionantes para o fazer." (David C. T. Costa, obra citada, pág. 7).

13 – Só depois do 25 de Abril de 1974, com a Constituição de 1976, o direito do urbanismo se procurou adequar a uma filosofia mais descentralizadora e mais consentânea com os tempos modernos.

a) Refira-se que a primeira Lei dos Solos só foi aprovada pelo D.L. n.º 576/70, de 24/12, foi alterada já depois do 25 de Abril pelo D.L. n.º 794/76, de 5/11 (alterado pelo D.L. 313/80, de 19/8), sendo que o Capítulo II deixou de ter aplicação enquanto medida cautelar aplicável aos planos municipais de ordenamento do território, por força do artigo 158 do D.L. n.º 380/99, de 22/9.

b) Por sua vez, o primeiro regime de licenciamento de obras particulares foi regulado pelo D.L. n.º 166/70, de 15 de Abril, sendo que o seu articulado "<u>estava condicionado à filosofia de planeamento urbanístico e ao enquadramento político e institucional da época, não entrando, portanto, em linha de conta com a existência de um poder local autónomo e democrático, com competências e responsabilidades próprias</u>", conforme se pode ler no segundo parágrafo do preâmbulo do D.L. n.º 445/91, de 20 de Novembro, que alterou aquele regime jurídico da edificação.

14 – Foi assim que o Decreto-Lei n.º 289/73, de 6 de Junho, veio procurar impor algumas regras, para a celebração de negócios jurídicos que envolvessem loteamentos, de que transcrevemos o seguinte:
Artigo 27
*"1 – As operações de loteamento referidas no artigo 1.º, bem como a celebração de quaisquer negócios jurídicos relativos a terrenos, com ou sem construção, abrangidos por tais operações, só poderão efectuar-se depois de obtido o **respectivo alvará**, sem prejuízo do disposto no n.º 2 do artigo 21.*

"2 – Nos títulos de arrematação ou outros documentos judiciais, bem como nos instrumentos notariais relativamente aos actos ou negócios referidos no número anterior, deverá sempre indicar-se o número e data do alvará de loteamento em vigor, sem o que tais actos serão nulos e não podem ser objecto de registo."

a) Nos artigos 30.º e 31.º do D.L. n.º 289/73 já se previa sanções penais para os loteadores ilegais. Mas tais sanções não foram suficientes para sustar a construção clandestina, pelo que foi preciso aprovar o D.L. n.º 275/76, de 13 de Abril, permitindo aos municípios tomar posse administrativa dos terrenos logo que se iniciassem obras tendentes ao loteamento ilegal.

b) A mesma medida de posse administrativa continuou assegurada no artigo 70 e seguintes do D.L. n.º 400/84, de 31/12 que revogou aquele diploma, sendo que a posse administrativa continua prevista como "medida de tutela da legalidade urbanística" no artigo 107 do RJUE).

15 – A partir da entrada em vigor do D.L. n.º 289/73, de 6 de Junho, deixou de ser possível parcelar prédios rústicos e vendê-los em lotes para construção urbana, visto que qualquer acto notarial ou judicial nesse sentido seria nulo e não poderia ser registado na respectiva Conservatória do Registo Predial.

Mas os especuladores, com a anuência (?) de alguns cartórios notariais, rapidamente encontraram uma alternativa para iludir a lei e continuarem a promover loteamentos ilegais. Não podendo continuar a parcelar e vender os prédios rústicos em lotes, passaram a fazer os parcelamentos de prédios rústicos em quintinhas ou em avos, sempre com vista à construção urbana. (ver n.º 30 desta introdução).

Nos últimos anos, começaram a ser testados outros métodos para continuar a facilitar a construção ilegal, pelo que o legislador, em 2003, veio exigir o parecer favorável da câmara municipal da situação do prédio *"em negócios jurídicos entre vivos, de que resulte ou possa vir a resultar a constituição de compropriedade ou a ampliação do número de compartes de prédios rústicos"* (ver artigo 54.º da Lei das AUGI)

16 – De salientar também, a propósito do planeamento urbanístico, os princípios contidos na Lei n.º 11/1987, de 7 de Abril (Lei de Bases do Ambiente – LBA) e no n.º 3 do artigo 9.º do Dec. Lei n.º 380/99 de 22 de Setembro (RJIGT), este último alterado pelo Dec. Lei n.º 316/2007, de 19 de Setembro e pelo D.L. n.º 46/2009, de 20/2, onde o RJIGT estipula: "*A alteração da classificação do solo rural para solo urbano depende da comprovação da respectiva indispensabilidade económica, social e demográfica*".

17 – Como se verifica pelos comentários e pela legislação supra mencionada, a mesma foi insuficiente para regular a sentida necessidade de crescimento da malha urbana. Assim, como sempre em situações extremas, apareceram os "*vendedores de sonhos*" que encontraram mercado fácil para os seus negócios especulativos, ganhando dinheiro à custa dos incautos.

18 – Deste modo, a partir da década de sessenta, o subdesenvolvimento e o desemprego existentes nas regiões pobres do interior do nosso país levou a uma onda de emigração das populações residentes naquelas regiões para o estrangeiro e, ainda, de migração interna para as áreas metropolitanas das grandes cidades do litoral, como Lisboa, Porto, Setúbal, etc., onde provocou uma elevada procura de habitação que, por falta de oferta correspondente à procura, deu origem a um surto de loteamentos ilegais e respectivas construções urbanas, mais acentuadamente na periferia de Lisboa, a Norte e a Sul do Tejo, a que se convencionou chamar de "bairros clandestinos", embora estivessem à vista de toda a gente.

19 – Nos loteamentos autorizados (pela DGPU ou pelas câmaras municipais) o valor dos lotes atingia cerca de 50$00 por metro quadrado, na década de sessenta. Por sua vez, na mesma época, a propriedade rústica na periferia da grande Lisboa deixou de ser rentável para a agricultura e desvalorizou-se para valores que oscilavam entre 1$00 a 5$00 o metro quadrado.

a) Assim, sonhando com bons negócios, os especuladores imobiliários adquiriam algumas daquelas propriedades rústicas, as quais parcelavam mesmo sem alvará de loteamento e vendiam os respectivos lotes aos interessados, por valores 5 a 10 vezes superior por cada metro quadrado.

b) Este desiderato, provocado pelo espartilho legal existente e pela necessidade da população migrante, encontrar alternativas de alojamento e, ainda, pelas condições sociais da mesma população que auferia salários muitos baixos (menos de 1.000$00 mensais para trabalhadores indiferenciados no início da década de sessenta), foi um estímulo à aquisição de lotes em "bairros ilegais" por valores na ordem dos 10.000$00 (ou mesmo menos);

c) Por outro lado ainda, os loteamentos ilegais permitiram a construção de milhares de fogos de baixos custos, em consequência da utilização de mão-de-obra dos próprios interessados e seus familiares, durante fins-de-semana, feriados e férias, permitindo o alojamento de dezenas de milhares de pessoas que regressavam da guerra colonial, procurando trabalho na periferia dos grandes centros urbanos, por não quererem regressar à sua terra natal.

d) As razões atrás mencionadas, logo após a revolução do 25 de Abril, serviram de fundamento para algumas propostas feitas às Comissões Administrativas das câmaras municipais para atribuição de nomes de ruas a alguns dos "loteadores ilegais", porque estes criaram e facultaram condições de construção habitacional que, mesmo sendo ilegal, entendiam como um bem social que o Estado não lhes proporcionava;

e) Não há conhecimento que os "bairros clandestinos" tenham resultado de ocupação espontânea de terrenos alheios por parte das populações migratórias, até porque antes do 25 de Abril tal não era viável na vigência do Estado autoritário, nem mesmo depois do 25 de Abril.

20 – Os municípios pouco ou nada puderam fazer para impedir o surto de loteamentos ilegais que não desejavam, mas era sobre eles que, mais cedo ou mais tarde, iriam recair as reivindicações das populações residentes para a construção de infra-estruturas, para as quais a administração local não tinha as verbas necessárias, tal como era reconhecido no preâmbulo do D. L. n.° 46.673 (Vide n.° 9 desta introdução).

a) Por sua vez, a administração central *fechava os olhos*, porque a venda de parcelas nos loteamentos ilegais sempre era uma fonte de receita: imediata, em termos de pagamento de Sisa (agora IMT –

Imposto Municipal sobre as Transmissões Onerosas de Imóveis); continuada, devido ao pagamento anual da Contribuição Predial (depois Contribuição Autárquica, actualmente IMI – Imposto Municipal sobre Imóveis). Tais receitas revertem actualmente a favor das autarquias locais.

21 – Esta situação, de fixação no litoral dos ex-soldados da guerra colonial oriundos do interior do país, deve-se também à criação de diversos espaços industriais na periferia das grandes cidades. Sendo que, numa primeira fase, esta população migrante procurou encontrar apartamentos onde pudessem residir dois casais, que se juntavam e acordavam viver juntos para diminuir os custos com a habitação, visto que os salários eram baixos, regra geral. Contudo, logo no acordo inicial em que os casais se juntavam para viver no mesmo apartamento, acalentavam a expectativa de encontrarem oportunidade de adquirir um lote num "bairro ilegal", de forma a construírem uma vivenda unifamiliar, onde, à semelhança dos seus progenitores no interior do país, poderiam manter um logradouro onde fosse possível criar umas galinhas ou uns coelhos e, se possível, cultivar uma pequena horta.

22 – Como exemplos de bairros clandestinos, hoje designados de AUGI, referimos:
   a) A Norte do Tejo, os concelhos de Loures, Cascais e Amadora, etc., particularmente na Quinta da Brandoa, no anterior concelho de Oeiras (actual concelho de Amadora) e ainda ;
   b) A Sul do Tejo, nos concelhos do Seixal, Sesimbra, Almada, etc..

23 – Note-se que, a Norte do Tejo, exemplificamos com a Quinta da Brandoa, a qual não obedecia a qualquer planificação urbanística, era um caso espontâneo de economia paralela e não de auto construção, pois os compradores de lotes não abrangidos por alvará de loteamento construíram centenas de edifícios, alguns com três ou mais pisos de altura, obedecendo aos requisitos de propriedade horizontal, os quais foram destinados ao arrendamento urbano, na sua esmagadora maioria utilizados como **primeira habitação.**

24 – No segundo exemplo, a Sul do Tejo, os loteamentos ilegais, já com algum planeamento urbanístico, como é o caso de Vale de Milhaços, no concelho do Seixal, tiveram mais procura para auto construção de **segunda habitação**.

25 – Quer numa situação quer na outra, ou seja a Sul e a Norte do Tejo, durante a década de sessenta e de setenta (do século XX), foram construídos dezenas de milhares de fogos destinados a habitação, onde passaram a residir, em permanência ou aos fins-de-semana ou em férias, muitos milhares de famílias, sem que tivessem sido construídas quaisquer obras de infra-estruturas urbanas, como redes de abastecimento de água, de electricidade, de esgotos, nem arruamentos, passeios, escolas, jardins, etc..

26 – *"De salientar ainda que, as áreas dos lotes inseridos em loteamentos ilegais a Norte do Tejo eram de menor dimensão (cerca de 240m2 no concelho de Loures) do que os situados a Sul do Tejo (cerca de 660m2 na freguesia de Fernão Ferro, concelho do Seixal), talvez pela razão de haver maior declive nos terrenos e da menor dimensão dos prédios rústicos loteados a Norte de Lisboa.*
a) De referir também que, a grande maioria das edificações em loteamentos ilegais, é de moradias unifamiliares e não de construção em propriedade horizontal destinada ao mercado de arrendamento.
b) A área total delimitada como AUGI na AML é de cerca de 9.128 ha (cerca de 3% do território da AML, equivalente à quase totalidade da área do concelho do Seixal (9.570 ha), sendo que 44% daquela área das AUGI se situa nos concelhos a Norte do Tejo e 56% nos concelhos situados a Sul do Tejo." (David C. T. Costa, obra citada, pág. 20 a 22).

27 – Os levantamentos efectuados por diversas Câmaras Municipais, permitiram apurar a existência de muitas centenas de AUGI – Áreas Urbanas de Génese Ilegal: *"227 em Loures, 200 em Cascais, 64 em Vila Franca de Xira, 45 em Sintra, 28 em Palmela, 24 no Montijo,"* etc., conforme pode verificar-se numa publicação da Câmara Municipal de Loures de 1995. No âmbito das AUGI, a nível nacional, residiam entre 400.000 a 500.000 pessoas, segundo estimativas do mencionado ano de 1995.

a) O número estimado de pessoas residentes em AUGI será de *"201.143, conforme base de dados de 2001 (Censos do INE)."* (David Costa, obra citada, pág. 23).

b) Assim, tendo como base o número referido nos censos do INE, que será mais fidedigno, será de presumir que a estimativa efectuada pela Câmara Municipal de Loures, em 1995, poderia referir-se ao total de pessoas que poderiam vir a residir nas AUGI conhecidas, ainda não delimitadas, cujo número de Lotes ainda por construir seria na ordem dos 50% relativamente àqueles já construídos e habitados.

28 – Muitas AUGI têm dezenas ou centenas de lotes ou parcelas destinadas a construção urbana. Estima-se que nas AUGI delimitadas, o número de lotes destacados é de cerca de 70%, enquanto as parcelas em avos correspondem a cerca de 30%. Apesar de constar nas escrituras públicas de venda que os lotes ou parcelas se destinavam a construção urbana, em bom rigor só o alvará de loteamento pode dar a natureza de prédio urbano àqueles lotes ou parcelas de terreno.

29 – Para melhor enquadramento e entendimento da matéria que vamos tratar ao longo deste volume, há que distinguir o conceito de **lote e de parcela**. Num caso e noutro, ambos resultam do fraccionamento de um prédio rústico de maiores dimensões.

a) Pode haver destaques de lotes (apenas um caso de 10 em 10 anos), ou loteamentos a partir de prédios rústicos e ou urbanos, conforme a natureza dos ditos prédios e o seu enquadramento nos instrumentos de planeamento territorial, de acordo com os D. L. n.º 448/91, de 29/11, 380/99, de 22/9, e n.º 555/99, de 16/12, prerrogativas que se mantiveram nas alterações introduzidas posteriormente.

b) Nos termos da legislação urbanística, **o lote** destinado a construção urbana tem a natureza de uma unidade de terreno juridicamente individualizada, com área e confrontações definidas e devidamente demarcadas, após destaque ou loteamento aprovado pela respectiva câmara municipal, através de projecto elaborado dentro dos parâmetros da legislação aplicável, conforme veremos ao longo das anotações que iremos fazer ao articulado da Lei 91/95.

c) Por sua vez **a parcela** resulta do desmembramento de um prédio rústico transmitido parcialmente em avos, e não pode pressupor confrontações definidas nem demarcação, logo não tem individualidade jurídica.

30 – Até à publicação do Dec. Lei n.º 289/73, de 6 de Junho, os loteadores ilegais sempre dividiram e venderam os ditos prédios rústicos **como lotes,** embora sem a natureza de urbanos, uma vez que não resultaram de loteamentos legalmente aprovados conforme explicitámos atrás (assim, estes lotes serão sempre de natureza rústica e destinados à agricultura), o que significa que os ditos loteadores *venderam gato por lebre*, como se diz em gíria popular.

a) Após a publicação do D. L. n.º 289/73, deixou de ser possível vender parcelas de terreno rústico como lotes juridicamente individualizados, tendo os especuladores passado a vender as propriedades rústicas em **parcelas de avos,** como forma de iludir a proibição legal de venda em lotes. Só com a aprovação do Dec. Lei 400/84 ficou também proibida a venda de **parcelas em avos.** (Ver notas **II** a **VI** ao artigo 2.º da Lei das AUGI).

b) A venda dos prédios rústicos em **lotes** permitiu aos seus compradores registar individualmente a aquisição dos mesmos, **exactamente como lotes,** embora de natureza rústica, sempre ou quase sempre com a indicação de que o lote era parte de um determinado artigo rústico indiviso. Já o registo da aquisição das **parcelas em avos** foi sempre feito em regime de compropriedade.

c) Todavia, quer numa situação quer na outra, os proprietários ou comproprietários jamais conseguiam as necessárias licenças camarárias para construírem as suas habitações, embora muitas dezenas de milhares de habitações tivessem sido construídas sem licença;

d) Ora sem licença de construção, também não conseguiam a autorização de utilização, o que impossibilitava os seus titulares de transmitirem o conjunto, parcela ou lote de terreno e a respectiva construção, por escritura pública, ou de conceder as parcelas em hipoteca voluntária para, por exemplo, obterem empréstimos bancários para construir habitação ou para melhoramentos nas habitações existentes não licenciadas.

e) Em bom rigor, deveremos designar por proprietários os titulares dos lotes destacados e por comproprietários os titulares de parcelas em avos, embora ao longo do texto deste livro por vezes, de forma menos rigorosa e para evitar repetição de termos, designamos uns e outros como comproprietários das AUGI, na medida em que certas AUGI foram delimitadas como um todo, inserindo lotes destacados e parcelas em avos.

f) Depois de realizada a construção, quer fosse implantada num Lote destacado ou numa parcela em avos, os titulares inscreviam a construção na matriz, ficando a pagar a respectiva contribuição, pensando, em muitos casos, que isso lhe conferia todos direitos de titulares de direitos reais em prédios urbanos autorizados para construção, o que não era verdade como demonstrámos anteriormente e que iremos continuar a fazê-lo adiante.

31 – Como supra referimos, as câmaras municipais não licenciavam obras em "loteamentos ilegais" porque, na maior parte dos casos, não tinham verbas para mandarem construir todas as infra-estruturas básicas em falta.

Entretanto, e desde o início do surto das AUGI, foram sendo aprovados diversos diplomas legais, a que nos iremos referir ao longo das anotações, com vista a encontrar soluções equilibradas e justas para o problema dos bairros clandestinos.

32 – Muitos proprietários e ou comproprietários de AUGI constituíram-se em associações de moradores ou de proprietários/comproprietários, tendo construído as infra-estruturas em parceria com os respectivos municípios. Alguns deles viram mesmo os seus loteamentos serem aprovados e emitidos os respectivos alvarás de loteamento, sendo o primeiro caso conhecido o Bairro do Casal da Silveira, no actual concelho de Odivelas (antes concelho de Loures, cuja câmara municipal emitiu o alvará em 1989). Mas raramente conseguiram fazer a divisão dos lotes, porque a legislação vigente na altura exigia a participação unânime de todos os comproprietários para outorgarem a escritura notarial necessária, o que era muito difícil em bairros com várias dezenas ou centenas de comproprietários, porque havia sempre algum desses comproprietários que estava em desacordo com o loteamento, por uma ou outra razão particular.

33 – De referir ainda que, após o 25 de Abril, foram sendo nomeadas Comissões Administrativas para substituir as Câmaras Municipais e as Juntas Freguesia nomeadas pela anterior Administração Central. Sendo que, algumas dessas comissões administrativas (conotadas com os extractos sociais mais desfavorecidos da população portuguesa) não foram muito rígidas a tomar medidas de fiscalização no combate à construção ilegal, também em consequência de alguma diminuição da autoridade do Estado, durante um período em que as pessoas se consideravam mais detentoras de direitos do que de deveres. Ao mesmo tempo foi aumentando um pouco o poder de compra dos trabalhadores, em geral, o que facilitou a construção mais acelerada nos "bairros ilegais", ainda com o símbolo do estigma social que foi sendo criado ao longo dos anos do anterior regime autoritário, e que associava estes bairros a zonas de insegurança, pobreza e degradação. Com efeito, a generalidade deste tipo de construções não era de grande beleza arquitectónica exterior, nem de grande conforto interior, salvo raras excepções.

34 – Só a Lei 91/95 veio abrir o caminho para a tão almejada reconversão das AUGI, regulando a forma de constituição dos órgãos de administração conjunta, estipulando prazos de convocatórias, regras de publicitação de projectos, definindo maiorias deliberativas das assembleias-gerais de proprietários e ou comproprietários, com vista à aprovação dos projectos e à divisão da coisa comum, etc..

a) Nos termos desta lei, **as parcelas em avos** dos prédios rústicos que integram as AUGI, depois da aprovação do projecto de reconversão e após a emissão do respectivo alvará de loteamento, passam a ter a natureza de lotes urbanos, devendo o dito alvará ser registado na competente Conservatória do Registo Predial, após o que se torna possível a sua divisão pelos titulares inscritos dos direitos em avos, e a consequente aquisição individual como lotes urbanos a favor dos titulares a quem foram adjudicados, de acordo com as várias formalidades legais.

b) Quanto aos prédios rústicos integrantes da AUGI, **fraccionados em lotes,** estes mesmos lotes consideram-se de natureza rústica até à emissão do alvará de loteamento pela câmara municipal da área onde se situam os prédios. É o alvará de loteamento que converte a natureza dos lotes rústicos em urbanos, cuja publicidade de conversão só é possível após o averbamento do mencionado alvará à descrição predial, sem necessidade de nova divisão daqueles prédios que integram a AUGI, visto já existir divisão dos mesmos. Ainda assim, a área final dos lotes deverá ser actualizada na matriz e na Crp em conformidade com o alvará de loteamento, na medida em que raramente o alvará define os seus lotes com a mesma área inicial, devido ao alargamento das ruas, criação de parques de estacionamento, etc..

35 – Contudo, a Lei 91/95 (Lei das AUGI) continha algumas lacunas, imprecisões e fragilidades, razão pela qual a A.R. – Assembleia da República – através das Leis n.º 165/99, de 14 de Setembro, n.º 64/2003, de 23 de Agosto, e 10/2008, de 20 de Fevereiro, lhe introduziram algumas melhorias, que inserimos no local próprio da mesma Lei 91/95.

a) Ao longo da Lei 91/95, são feitas remissões para os D. L. n.º 445/91, de 20 de Novembro, e n.º 448/91, de 29 de Novembro, as quais devem ser entendidas como remetidas para o D.L. n.º 555/99, de 16 de Dezembro, diploma que juntou num único os regime jurídico da urbanização e da edificação (com a última alteração feita pela Lei n.º 60/2007, de 4/9), conforme se explicita na nota **VI** ao artigo 2.º da Lei das AUGI.

36 – Pelas notas constantes nesta introdução, salientámos alguma apetência centralista da administração central em desfavor da administração local, o que se verifica pela leitura e análise dos instrumentos que regulam as competências urbanísticas acolhidas no RJIGT, RJUE, etc., especialmente na grande concentração de poderes conferidos às comissões de acompanhamento para a elaboração dos instrumentos de gestão territorial, compostas por técnicos nomeados pela administra-

ção central, as quais sempre impuseram a sua visão e a sua vontade aos municípios, sendo que os técnicos nomeados pela administração local eram meros portadores de intenções recomendadas pelos autarcas.

a) Mesmo as alterações introduzidas no RJIGT pelo D.L. n.º 46/2009, de 20/2, onde se aponta para um aumento de competências para os municípios tendo em vista a revisão dos seus PDM, o certo é que se reforçam a participação das comissões de coordenação e desenvolvimento regional (CCDR), que substituem as anteriores comissões nomeadas pelos ministérios, mantendo os mesmos poderes para vincular os municípios.

b) Sempre que a Associação Nacional de Municípios Portugueses tem procurado obter novas competências para as autarquias locais, tem sido notório que o legislador mostra muitas dúvidas e deixa quase tudo na mesma.

c) Nalguns casos os governantes terão algumas razões, visto que existem certas situações que merecem reparo, como o caso dos PDM que, a nível nacional, têm delimitado áreas urbanas ou urbanizáveis acolhendo permissão de construção de um número de fogos que poderão alojar cerca 35.000.000 de pessoas, sabendo-se que a população residente em Portugal é apenas de cerca de 10.000.000.

37 – Uma questão relevante sobre o direito do urbanismo é a prevalência das regras urbanísticas sobre os direitos reais regulados no Código Civil, conforme iremos analisar com mais detalhe nas notas **III** a **V** ao artigo 37.º da Lei das AUGI, de que deixamos esta síntese:

Os direitos reais dos titulares de prédios rústicos ou urbanos podem ser mitigados, na medida em tais direitos de propriedade sofrem limitações e restrições, em especial no seu poder de demarcação, de usufruição e de disposição, em consequência de várias disposições legais conjugadas, nomeadamente: servidões administrativas, regras urbanísticas de alinhamento, zonamento, ambientais, etc. Porque a solução equitativa e justa que se almeja alcançar com o conjunto de regras urbanísticas, tem mais a ver com o direito à habitação constitucionalmente consagrado, e menos com os direitos reais sobre prédios rústicos ou urbanos.

Em síntese, concordando com Fernando Alves Correia, as regras vertidas no Plano Urbanístico o *"conceito de direito de propriedade privada do artigo 62.º, n.º 1 da Constituição não faz parte o jus aedificandi como faculdade do proprietário do solo, nem aquele é tutelado directamente pela garantia constitucional da propriedade privada"*.

38 – Finalmente, fazendo eco do que tem sido manifestado por consagrados especialistas da área do direito do urbanismo, apesar das últimas alterações a diversos diplomas sobre urbanismo, torna-se necessário e urgente a elaboração de um Código do Urbanismo. Recordamos uma nota da Ordem dos Engenheiros com o título "**Afogados em papel**" (publicada na comunicação social, por exemplo no Expresso em 16/4/2005 e 4/10/2008), em que se refere a teia de burocracia que envolve o licenciamento de edifícios. Diz-se que, para obter uma licença de construção, é preciso conhecer 109 diplomas, 2834 artigos e 12 anexos, mais de 72 capítulos com 94 páginas.

TEXTO:

Lei n.º 91/95 de 2 de Setembro

(com a redacção dada pelas Leis números 165/1999,
de 14/9, 64/2003, de 23/8 e 10/2008, de 20/2)

Processo de reconversão das áreas urbanas de génese ilegal
A Assembleia da República decreta, nos termos dos artigos 164.º, alínea d), e 169.º, n.º 3, da Constituição, o seguinte:

CAPÍTULO I
Do objecto

Artigo 1.º
Âmbito de aplicação

1 – A presente lei estabelece o regime excepcional para a reconversão urbanística das áreas urbanas de génese ilegal (AUGI).

2 – Consideram-se AUGI os prédios ou conjuntos de prédios contíguos que, sem a competente licença de loteamento, quando legalmente exigida, tenham sido objecto de operações físicas de parcelamento destinadas à construção até à data da entrada em vigor do Decreto-Lei n.º 400/84, de 31 de Dezembro, e que, nos respectivos planos municipais de ordenamento do território (PMOT), estejam classificadas como espaço urbano ou urbanizável, sem prejuízo do disposto no artigo 5.º

3 – São ainda considerados AUGI os prédios ou conjuntos de prédios parcelados anteriormente à entrada em vigor do Decreto-Lei n.º 46 673, de 29 de Novembro de 1965, quando predominantemente ocupados por construções não licenciadas.

4 – As câmaras municipais delimitam o perímetro e fixam a modalidade de reconversão das AUGI existentes na área do município, por sua iniciativa ou a requerimento de qualquer interessado, nos termos do artigo 35.º

5 – A delimitação do perímetro das AUGI é feita com recurso a qualquer meio gráfico, cadastral ou registral que identifique com clareza a área delimitada, a qual corresponde à área que, no entendimento da câmara municipal, deve ser objecto de um único processo de reconversão urbanística, podendo integrar um ou mais prédios contíguos.

6 – Podem ser propostas alterações à delimitação e à modalidade de reconversão das AUGI, fundamentadas, designadamente, no melhor conhecimento da realidade local, nos ajustamentos de escalas e na melhor delimitação técnica.

7 – As áreas de loteamento e construções ilegais não abrangidos pelos n.os 2 e 3 são objecto de estudo com vista à sua reafectação ao uso previsto em PMOT.

NOTAS:

I – Pela 1.ª alteração (Lei n.º 165/99, de 14/9) foram acrescentados os números 6 e 7 e foram modificados os números 4 e 5 que tinham a seguinte redacção:

4 – As câmaras municipais ficam obrigadas a delimitar o perímetro e a fixar a modalidade de reconversão das AUGI existentes na área do município no prazo de 180 dias após a entrada em vigor da presente lei.

5 – As áreas de loteamento e construção ilegais não abrangidas pelo número anterior são objecto de estudo com vista à sua reafectação ao uso previsto em PMOT.

Pela 2.ª alteração (Lei n.º 64/2003, de 23/8), foi modificado o n.º 6, que tinha a seguinte redacção:

6 – Até à convocação da assembleia constitutiva da administração conjunta podem ser propostas alterações à delimitação das AUGI, fundamentadas, designadamente, no melhor conhecimento da realidade local, nos ajustamentos de escalas e na melhor delimitação técnica.

II – O comando do anterior n.º 4, passou para as disposições transitórias da Lei 165/99 – n.º 3 do artigo 5.º;

III – Ao longo de várias anotações ao articulado deste diploma legal, iremos realçar que a lei das AUGI é uma lei especial que se aplica em prejuízo de outras normas de carácter adjectivo, como é o caso do Código do Registo Predial, ou mesmo de carácter substantivo, umas e outras constantes em diversos diplomas legais em vigor. E não é de ânimo leve que o fazemos, basta salientar o cuidado do legislador ao estabelecer logo no artigo primeiro que "*A presente lei estabelece um regime excepcional para a reconversão urbanística das AUGI.*"

Consubstanciando este diploma um regime **excepcional** para a reconversão das AUGI, manda o bom senso, nomeadamente dos intervenientes processuais que têm formação jurídica, que ao tomarem as suas decisões deverão sempre fazer a análise e confronto destas regras com outras de carácter geral e abstracto que possam estar em desconformidade, aplicando as regras da lei das AUGI em prejuízo das demais.

IV – Todas as referências feitas ao PMOT– Plano Municipal de Ordenamento do Território – regulado pelo D.L. n.º 69/90, de 2 de Março, deverão passar a ser entendidas como feitas para o D.L. n.º 380/99, de 22 de Setembro que revogou aquele diploma e regula agora a matéria, este último alterado pelo D.L. n.º 316/07, de 19/9. O PMOT cujo regime consta no artigo 69 e seguintes do D.L. n.º 380/99, visa disciplinar a elaboração de planos de ocupação do solo da área dos municípios, tais como os PDM, PP, e PU, quase sempre sujeitos a pareceres vinculativos e ratificação da administração central.

Os PDM abrangem toda a área do município e definem, entre outras coisas, a densidade bruta máxima de construção em termos de fogos por hectare, a densidade populacional por hectare, o índice bruto máximo de construção em termos de percentagem de área a construir, o número máximo de pisos autorizados em determinadas zonas do município, as condições de ligação às redes públicas de água, electricidade, esgotos, vias de circulação, afectação da RAN – Reserva Agrícola Nacional – e REN – Reserva Ecológica Nacional – etc..

Já os planos parciais e os planos de pormenor podem respeitar apenas a uma determinada área do município.

(Como exemplificação de enquadramento em PDM, ver o Quadro Síntese e Índices de Loteamento da nota IV ao artigo 13).

O n.º 5 deste artigo é bem claro quanto à delimitação do perímetro das AUGI, a qual corresponde à área que, no entendimento da câmara municipal, deve ser objecto de um único processo de reconversão urbanística, podendo integrar um ou mais prédios contíguos. Esta disposição deverá ser conjugada com o n.º 2 do artigo 37, relativamente à adjudicação de lotes aos interessados, pelo que se remete para consulta às notas **VI** e **VII** ao artigo 37.

Artigo 2.º
Regime especial de divisão de coisa comum

1 – É estabelecido um regime especial de divisão de coisa comum aplicável às AUGI constituídas em regime de compropriedade até à data da entrada em vigor do Decreto-Lei n.º 400/84, de 31 de Dezembro.

2 – O direito de exigir a divisão só pode ser exercido após a emissão do respectivo título de reconversão.

NOTAS:

I – Pela 2.ª alteração (Lei n.º 64/2003, de 23/8) o anterior corpo do artigo passou a ser o n.º 1, tendo sido aditado o n.º 2.

II – O D. L. 400/84, de 31 de Dezembro (que entrou em vigor 60 dias após a sua publicação), actualiza o regime jurídico dos loteamentos urbanos constante no D. L. 289/73, de 6 de Junho, que por sua vez tinha vindo actualizar o D.L. n.º 46.673, de 29 de Novembro de 1965.

Sobre os diplomas supra mencionados, ver números 9 a 17 e 30 da Introdução, onde os abordámos de uma forma genérica, e que pormenorizaremos abaixo em mais alguns aspectos importantes.

III – O Decreto-Lei n.º 289/73, de 6 de Junho, veio procurar impor algumas regras, para a celebração de negócios jurídicos que envolvessem loteamentos, conforme referimos nos 13 e 30 da Introdução. Acrescenta-se ainda que a partir de então, não foi possível parcelar prédios rústicos e vendê-los em lotes para construção urbana, visto que qualquer acto notarial ou judicial nesse sentido seria nulo e não poderia ser registado na respectiva Crp.

Mas os especuladores, com a anuência (?) de alguns cartórios notariais, rapidamente encontraram uma alternativa para iludir a lei e continuarem a promover loteamentos ilegais. Não podendo continuar a parcelar e vender os prédios rústicos em lotes, passaram a fazer os parcelamentos de prédios rústicos em quintinhas ou em avos, sempre com vista a construção urbana.

A – As quintinhas, com a área de 5.000 m2, eram desanexadas dos prédios rústicos de maior dimensão, nos termos da portaria n.º 202/70, de 21 de Abril;

B – Por sua vez, a venda em avos, assentava no esquema seguinte: Por exemplo, um prédio com 12.400 m2 era vendido em diversas parcelas: 650/12.400; 500/12.400; 900/12.400; etc.; ou seja, era vendido em tantas parcelas quantos os incautos compradores e até atingir o limite máximo de 12.400 avos, equivalentes a 12.400 metros quadrados. Os compradores registavam depois o seu direito na Crp, em regime de compropriedade. Embora os vendedores marcassem com estacas e indicassem ao comprador o local do seu lote, a verdade é que nunca aquela demarcação produzia efeitos legais e, jamais, o comproprietário poderia dizer que a sua parcela era aqui ou ali.

IV – E muitos notários foram parcelando prédios desta maneira, até que saiu o Dec. Lei n.º 400/84, de 31 de Dezembro, que inviabilizou este expediente nefasto para os municípios e compradores em geral, de que transcrevemos parte do seu artigo 58:

"1 – A celebração ou o registo de quaisquer actos ou negócios jurídicos de que resulte ou possa vir a resultar a constituição de compropriedade ou a ampliação do número de compartes de prédios rústicos só poderão efectuar-se mediante parecer favorável da câmara municipal do local da situação dos prédios."

No regime de sanções para a violação deste dispositivo, dispôs-se, entre outras, a faculdade de a "câmara municipal tomar posse administrativa dos prédios, para obstar à prossecução do ilícito" – artigo 70.

V – O D.L. 448/91 aprovou outro regime jurídico dos loteamentos urbanos e revogou o Decreto-Lei n.º 400/84, de 31 de Dezembro. Também este novo diploma, nos seus artigos 53 e no n.º 3 do artigo 56 comina de nulidade os negócios jurídicos que violem as regras dos loteamentos urbanos. Por sua vez o artigo 61 confere aos presidentes das câmaras municipais poderes para embargar operações de loteamento, obras de construção e urbanização, executadas com desrespeito das normas legais e regulamentares em vigor, podendo a câmara municipal ocupar o prédio para o efeito de mandar proceder á demolição imediata das obras que o proprietário não tenha demolido depois de notificado para o efeito, conforme dispõem os artigos 165 e 166 do REGEU.

VI – As normas da urbanização e de edificação estão agora concentradas num único diploma, o RJUE. Neste novo diploma legal, no seu artigo 49, se obriga a que nos actos notariais relativos a negócios jurídicos, de que resulte directa ou indirectamente a constituição de lotes de terreno urbano, conste o número de alvará e a data da sua aprovação pela Câmara. O regime de nulidades constante nos artigos 68 e seguintes do RJUE continua a garantir a ineficácia das operações de loteamento à revelia da lei. A questão da demolição de obras e a posse administrativa pela Câmara municipal continua salvaguardada nos artigos 106 e 107 do mencionado D.L. 555/99, em virtude da revogação das normas equivalentes do RGEU.

VII – Sobre o fraccionamento de prédios rústicos, bem como actos ou negócios jurídicos de que resulte ou possa vir a resultar a constituição de compropriedade ou a ampliação do número de compartes de prédios rústicos, veja-se outros condicionamentos previstos no artigo 50.º do RJUE (D.L. n.º 384/88, de 25/10 e n.º 103/90, de 22/3), o artigo n.º 1377 do Código Civil e a Portaria n.º 202/70, de 21/4 e, ainda, o artigo 54.º da lei das AUGI.

VIII – Sobre o regime de divisão da coisa comum, ver artigos 36 a 44. Com o aditamento do n.º 2 do artigo 2.º, parece que o legislador quer clarificar a tramitação da divisão da coisa comum, designadamente no que concerne à obrigatoriedade de emissão do respectivo título de conversão, ou seja o alvará de loteamento. Ver nota **II** ao artigo 41.

CAPÍTULO II
Princípios gerais

Artigo 3.º
Dever de reconversão

1 – A reconversão urbanística do solo e a legalização das construções integradas em AUGI constituem dever dos respectivos proprietários ou comproprietários.

2 – O dever de reconversão inclui o dever de conformar os prédios que integram a AUGI com o alvará de loteamento ou com o plano de pormenor de reconversão, nos termos e prazos a estabelecer pela câmara municipal.

3 – O dever de reconversão inclui ainda o dever de comparticipar nas despesas de reconversão, nos termos fixados na presente lei.

4 – Os encargos com a operação de reconversão impendem sobre os titulares dos prédios abrangidos pela AUGI, sem prejuízo do direito de regresso sobre aqueles de quem hajam adquirido, quanto às importâncias em dívida no momento da sua aquisição, salvo no caso de renúncia expressa.

5 – Os encargos com a operação de reconversão gozam do privilégio imobiliário previsto no artigo 743.º do Código Civil, sendo graduados logo após a hipoteca prevista no n.º 3 do artigo 27.º

6 – A câmara municipal pode, mediante deliberação e após prévia audição dos interessados, suspender a ligação às redes de infra-estruturas já em funcionamento que sirvam as construções dos proprietários e comproprietários que violem o seu dever de reconversão.

NOTAS:

I – Pela 1.ª alteração (Lei n.º 165/99, de 14/9) foi modificado o texto do n.º 5 que tinha a seguinte redacção:

5 – A câmara municipal tem a faculdade de suspender a ligação às redes de infra-estruturas já em funcionamento que sirvam as construções dos proprietários e comproprietários que violem o seu dever de reconversão.

Pela 2.ª alteração (Lei n.º 64/2003, de 23/8) foi criado o actual n.º 5, tendo o anterior n.º 5 passado a n.º 6.

II – O número 4 vem responsabilizar directamente os titulares dos prédios e de parcelas dos mesmos nas despesas de reconversão dos bairros, uma vez que é frequente os actuais titulares dizerem que as dívidas acumuladas são da responsabilidade dos anteriores titulares. Contudo, ficam com o direito de regresso contra os anteriores titulares, o que permite fazer justiça em alguns casos de fraude, por exemplo, quando os vendedores diziam que não havia dívidas, para mais facilmente transmitirem o seu direito com maior margem de lucro.

III – Antes da primeira alteração da Lei das AUGI, não se sujeitava a deliberação de câmara a faculdade de suspender a ligação às redes de infra-estruturas, o que ficava ao critério da administração municipal, o presidente ou vereador do pelouro. Também não se obrigava à audição prévia dos interessados, mas a mesma audição já era garantida pelo artigo 100 do CPA – Código do Procedimento Administrativo.

IV – Sobre o dever de comparticipar, ver nota VI ao artigo 9.º, e nota III ao artigo 18. Ver também artigo 26.

ARTIGO 4.º
Processo de reconversão urbanística

1 – O processo de reconversão é organizado nos termos da presente lei:

a) Como operação de loteamento da iniciativa dos proprietários ou comproprietários;

b) Como operação de loteamento ou mediante plano de pormenor da iniciativa da respectiva câmara municipal.

2 – Os loteamentos e planos de pormenor previstos no número anterior regem-se pelo disposto na presente lei e, subsidiariamente, pelas disposições do Decreto-Lei n.º 555/99, de 16 de Dezembro, com a redacção que lhe foi dada pelo Decreto-Lei n.º 177/2001, de 4 de Junho, e pelas disposições do Decreto-Lei n.º 380/99, de 22 de Setembro, com a redacção que lhe foi dada pelo Decreto-Lei n.º 316/2007, de 19 de Setembro.

3 – A alteração aos termos e condições do alvará de loteamento e do plano de pormenor de reconversão é requerida pela administração conjunta até à sua extinção, nos termos do artigo 17.º

NOTAS:

I – Pela 1.ª alteração (Lei n.º 165/99, de 14/9) foi modificado o texto da al. b) do n.º 1 que tinha a seguinte redacção:

b) Mediante plano de pormenor da iniciativa da respectiva câmara municipal

Pela 2.ª alteração (Lei n.° 64/2003, de 23/8) foi modificado o n.° 2, que tinha a seguinte redacção:

2 – Os loteamentos e planos de pormenor previstos no número anterior regem-se pelo disposto na presente lei e, subsidiariamente, pelas disposições do Decreto-Lei n.° 448/91, de 29 de Novembro, e do Decreto-Lei n.° 380/99, de 22 de Setembro.

Pela 3.ª alteração (Lei n.° 10/2008, de 20/2) no n.° 2 foi acrescentada a referência ao D.L. 316/2007 e foi aditado o n.° 3. Refira-se, ainda, que também o D.L. n.° 555/99 foi de novo alterado pela Lei 60/2007, de 4/9.

II – Reconversão por iniciativa dos comproprietários e da câmara, ver artigos 17-A e 31, respectivamente.

III – Ver notas **V** e **VI** ao artigo 2.°.

Artigo 5.°
Áreas parcialmente classificadas como urbanas ou urbanizáveis

1 – Nas áreas de loteamento ou construção ilegais parcialmente classificadas como espaço urbano ou urbanizável no respectivo PMOT, a operação de reconversão pode abranger a sua totalidade, desde que se verifiquem cumulativamente os seguintes requisitos:

a) A maior parte da área delimitada estar classificada como urbana ou urbanizável;

b) A área não classificada como urbana ou urbanizável estar ocupada maioritariamente com construções destinadas a habitação própria que preencham as condições de salubridade e segurança previstas nesta lei e que se encontrem participadas na respectiva matriz à data da entrada em vigor da presente lei.

2 – As áreas abrangidas por reserva ou servidão podem ser desafectadas até ao estrito limite do necessário à viabilização da operação de reconversão, desde que não seja posto em causa o conteúdo essencial ou o fim da reserva ou da servidão.

3 – Nos casos previstos neste artigo é obrigatória a alteração do PMOT em vigor.

NOTAS:

I – Pela 1.ª alteração (Lei n.º 165/99, de 14/9) foram modificados as al. a) e b) do n.º 1 e o n.º 3 que tinham a seguinte redacção:

a) A maior parte da área abrangida pela operação estar classificada como urbana ou urbanizável;

b) A área não classificada como urbana ou urbanizável estar ocupada maioritariamente com construções destinadas a habitação própria e permanente que preencham as condições de salubridade e segurança previstas neste diploma e que se encontrem participadas na respectiva matriz à data da entrada em vigor da presente lei;

3 – Nos casos previstos no presente artigo é obrigatória a execução de plano de pormenor de alteração do PMOT em vigor – ver nota **III** ao artigo 1.º.

Artigo 6.º
Cedências

1 – As áreas de terreno destinadas a espaços verdes e de utilização colectiva, infra-estruturas viárias e equipamentos podem ser inferiores às que resultam da aplicação dos parâmetros definidos pelo regime jurídico aplicável aos loteamentos, quando o cumprimento estrito daqueles parâmetros possa inviabilizar a operação de reconversão.

2 – Os índices urbanísticos e as tipologias de ocupação da proposta de reconversão podem também ser diversos dos definidos pelo PMOT em vigor, se a sua aplicação estrita inviabilizar a operação de reconversão.

3 – As alterações ao PMOT previstas no número anterior estão sujeitas ao disposto no n.º 2 do artigo 96.º e no artigo 97.º do Decreto--Lei n.º 380/99, de 22 de Setembro, com a redacção que lhe foi dada pelo Decreto-Lei n.º 316/2007, de 19 de Setembro.

4 – Quando as parcelas que devam integrar gratuitamente o domínio público de acordo com a operação de reconversão forem inferiores às que resultam do regime jurídico aplicável, há lugar à compensação prevista no n.º 4 do artigo 44.º do Decreto-Lei n.º 555/99, de 16 de

Dezembro, com a redacção que lhe foi dada pela Lei n.º 60/2007, de 4 de Setembro, a qual deve, sempre que possível, ser realizada em espécie e no território das freguesias onde se situa a AUGI.

NOTAS:

I – Pela 1.ª alteração (Lei n.º 165/99, de 14/9) foram acrescentados os números 3 e 4, e foi modificado o n.º 2 que tinha a seguinte redacção:
2 – Nos casos previstos no número anterior há lugar à compensação prevista nos números 5 e 6 do artigo 16.º do Decreto-Lei n.º 448/91, de 29 de Novembro, a qual deve, sempre que possível, ser realizada em espécie.

Pela 2.ª alteração (Lei n.º 64/2003, de 23/8) foi dada outra redacção aos n.ºs 3 e 4, de acordo com a nova legislação aplicável.

Pela 3.ª alteração (Lei n.º 10/2008, de 20/2) foram acrescentadas, respectivamente, as referências ao D.L. 316/2007 no n.º 3, e à Lei n.º 60/2007 no n.º 4.

II – Sobre o PMOT, ver nota III ao artigo 1.º.

III – O n.º 4 do artigo 44 do D.L. 555/99, conforme remissão do n.º 4, tem a seguinte redacção:
4 – Se o prédio a lotear já estiver servido pelas infra-estruturas a que se refere a al. h) do artigo 2.º, ou não se justificar a localização de qualquer equipamento ou espaço verde públicos no referido prédio, ou ainda nos casos referidos no n.º 4 do artigo anterior, não há lugar a qualquer cedência para esses fins, ficando, no entanto, o proprietário obrigado ao pagamento de uma compensação ao município, em numerário ou em espécie, nos termos definidos em regulamento municipal.

IV – *O artigo 45 do D.L.555/99, consagra ao cedente o direito de reversão sobre as parcelas cedidas, aplicando-se, com as necessárias adaptações, o disposto quanto a reversão no Código das expropriações.*

V – A Portaria n.º n.º 216-B/2008, de 3/3, sem o referir parece revogar a Portaria 1136/01, de 25/9, pois regulamenta (com poucas alterações) os parâmetros do dimensionamento das parcelas destinadas a espaços verdes e de utilização colectiva, infra-estruturas viárias e equipamentos de utilização colectiva a que se refere o artigo 43.º do Decreto-Lei n.º 555/99, de 16 de Dezembro.

Contudo, em edições anteriores referimos que, sobre os espaços verdes e de utilização colectiva, continuaria em vigor a Portaria n.º 1182/92, de 22/12, SECÇÃO IX, ponto 4.39, por força da Portaria 1101/00, de 20/11, que assegura um regime transitório para os processos iniciados na vigência dos D.L. n.º 445/91, de 20/11 e n.º 448/91, de 29/11, regime esse que poderá ser mais favorável para os titulares das AUGI, o que nos parece continuar a manter interesse, embora a compatibilizar com as normas dos PDM em vigor.

VI – Devido à dificuldade de harmonizar as construções existentes com o RGEU, no âmbito de reconversão das AUGI, continua ainda em vigor a Portaria n.º 243/84, de 17/4, que se transcreve no final desta obra.

Artigo 7.º
Construções existentes

1 – As construções existentes nas AUGI só podem ser legalizadas em conformidade e após a entrada em vigor do instrumento que titule a operação de reconversão, nos termos do artigo 4.º

2 – A legalização das construções depende do preenchimento das condições mínimas de habitabilidade definidas pela forma prevista neste diploma e da prova do pagamento dos encargos devidos pela reconversão imputáveis ao lote respectivo.

3 – O não preenchimento de qualquer dos requisitos previstos neste artigo constitui fundamento de indeferimento do pedido de legalização.

4 – O instrumento de reconversão estabelece o prazo em que os donos das construções com ele não conformes são obrigados a proceder às alterações necessárias.

5 – A demolição e alteração de qualquer construção para cumprimento do instrumento de reconversão não conferem ao respectivo dono direito a indemnização e constitui ónus sujeito a registo predial.

NOTAS:

I – Pela 1.ª alteração (Lei n.º 165/99, de 14/9) foi modificado o número 4, que tinha a seguinte redacção:

4 – O instrumento da reconversão estabelece o prazo em que os donos das construções com ele não conformes e que não preencham os requisitos mínimos de habitabilidade são obrigados a proceder às alterações necessárias.

II – As condições mínimas de habitabilidade referidas no 2, são as mencionadas no n.º 1 do artigo 46; e os encargos são os definidos no n.º 2 do artigo 26.

III – O comando do n.º 4 é suficientemente elucidativo para que só os prevaricadores devem acatar com os ónus das construções que fizeram e não possam ser admitidas em projecto de reconversão.

IV – O n.º 3 do artigo 24 impõe que a deliberação da câmara defina as construções a demolir bem como os respectivos prazos de demolição. A definição das construções a demolir constitui um ónus sujeito a anotação na ficha respectiva da Crp, quando do registo do alvará de loteamento. Este ónus tem em vista a segurança do comércio jurídico de imóveis, pois os eventuais compradores ficarão com suficiente informação para aferir da conveniência ou não do negócio em análise.

CAPÍTULO III
Do regime da administração dos prédios integrados na AUGI

Artigo 8.º
Administração conjunta

1 – O prédio ou prédios integrados na mesma AUGI ficam sujeitos a administração conjunta, assegurada pelos respectivos proprietários ou comproprietários.

2 – Sem prejuízo do disposto no n.º 5 do presente artigo, os órgãos da administração dos prédios integrados nas AUGI são os seguintes:
a) A assembleia de proprietários ou comproprietários;
b) A comissão de administração;
c) A comissão de fiscalização.

3 – A administração conjunta é instituída por iniciativa de qualquer proprietário ou comproprietário ou da câmara municipal, mediante convocatória da assembleia constitutiva.

4 – A anexação ou o fraccionamento das AUGI já delimitadas, nos termos do disposto no n.º 6 do artigo 1.º da presente lei, determina a realização de nova assembleia constitutiva para a eleição das comissões de administração e de fiscalização, convocada nos termos do disposto nos n.ºs 2 a 5 do artigo 11.º

5 – Nas AUGI em que, nos termos do artigo seguinte, tenha assento na assembleia um número de interessados igual ou inferior a 15, as competências da comissão de administração podem ser atribuídas a um administrador único, por deliberação da assembleia constitutiva.

6 – A administração conjunta fica sujeita a inscrição no Registo Nacional de Pessoas Colectivas, para efeitos de identificação.

7 – A administração conjunta detém capacidade judiciária, dispondo de legitimidade activa e passiva nas questões emergentes das relações jurídicas em que seja parte.

NOTAS:

I – Pela 1.ª alteração (Lei n.º 165/99, de 14/9) foi acrescentada a al. c) do n.º 2. Ver composição da mesma comissão no artigo 16 A.

Pela 2.ª alteração (Lei n.º 64/2003, de 23/8) foi introduzida a parte inicial do n.º 2 tendo o anterior n.º 4 passado a n.º 6, sendo aditados os actuais n.ºs 4 e 5.

Pela 3.ª alteração (Lei n.º 10/2008, de 20/2) foi modificado o n.º 6, eliminando-se a expressão *"não goza de personalidade jurídica"*, tendo sido aditado o n.º 7.

II – A obrigatoriedade de existência de uma comissão de fiscalização parece-nos de bastante conveniência, dado as elevadas verbas necessárias à reconversão das AUGI, pois há conhecimento de que um ou outro caso (poucos, felizmente) em que as Comissões de Administração não apresentavam contas aos comproprietários, o que deixava dúvidas sobre a utilização dos meios financeiros à sua disposição.

III – A redelimitação já estava prevista no n.º 1 do artigo 35, onde se admitia a anexação ou o fraccionamento das AUGI. O que agora se acrescenta de novo, no n.º 4, é a obrigatoriedade de realização de nova assembleia constitutiva para a eleição das comissões de administração e de fiscalização da nova AUGI, apenas desta, pois os órgãos da primitiva AUGI poderão manter-se.

O que também é inovador, e nos parece muito positivo é a possibilidade de ser designado um administrador único com as competências da CA, sempre que o número de interessados seja diminuto. Com efeito há, pelo menos, uma AUGI só com cinco comproprietários no concelho de Odivelas.

Com o devido respeito, a norma do n.º 5 poderá ser interpretada em sentido lato, de forma que assembleia da AUGI possa deliberar, em qualquer altura do processo, que as competências da comissão de administração possam ser atribuídas a um administrador único. Na verdade, se tais competências podem ser atribuídas por deliberação da assembleia constitutiva, ou seja na fase inicial do processo de reconversão quando se exige mais acompanhamento e mais realização de diligências administrativas, teria todo o sentido facilitar o desempenho de tarefas numa fase em que o processo esteja mais avançado e a precisar de menos empenho pessoal dos seus membros.

Continuando a interpretação em sentido lato, será de supor que também a destituição do administrador único careça de aprovação da maioria absoluta do total de votos da assembleia, conforme estipulado no n.º 2 do artigo 16.º para a comissão de administração.

IV – A expressão "*personalidade jurídica*", eliminada do n.º 6, justifica-se na medida em que a administração conjunta não era, de pleno direito, uma pessoa colectiva devidamente enquadrada em termos legais, embora estivesse sujeita a inscrição no RNPC. A "*capacidade judiciária*" conferida pelo actual n.º 7 consiste na susceptibilidade de estar, por si, em juízo, em conformidade com o disposto no n.º 1 do artigo 9.º do CPC.

Artigo 9.º
Composição da assembleia

1 – Têm assento na assembleia os proprietários ou comproprietários cujo direito esteja devidamente inscrito na conservatória do registo predial competente, excepto nos casos previstos no número seguinte.

2 – Têm assento na assembleia, com preterição dos respectivos titulares inscritos, os donos das construções erigidas na área da AUGI, devidamente participadas na respectiva matriz, bem como os promitentes-compradores de parcelas, desde que tenha havido tradição;

3 – A requerimento de qualquer proprietário, comproprietário ou da câmara municipal, deve a conservatória do registo predial emitir, gratuitamente e no prazo de 30 dias, uma certidão da descrição e de todos os registos em vigor sobre o prédio ou prédios da AUGI, a qual não pode servir para outro fim que não seja o de comprovar a legitimidade de participação na assembleia.

4 – A câmara municipal pode participar na assembleia, mediante representante devidamente credenciado.

5 – O representante da câmara municipal deve, durante o funcionamento da administração conjunta, procurar fornecer os esclarecimentos necessários e úteis de acordo com o previsto nesta lei.

6 – Devem estar presentes nas assembleias de proprietários ou comproprietários os membros da comissão de fiscalização, sempre que sejam apreciadas matérias incluídas no âmbito das suas competências.

7 – Os interessados que, por transmissão entre vivos do seu direito, deixem de ter assento na assembleia devem, no prazo de 15 dias, comunicar por escrito esse facto à comissão de administração, indicando igualmente o nome e a morada do novo titular, sob pena de responderem pelos danos a que a sua omissão der causa.

NOTAS:

I – Pela 1.ª alteração (Lei n.º 165/99, de 14/9) foram acrescentados os números 5 e 6;

Pela 2.ª alteração (Lei n.º 64/2003, de 23/8) de 14/9) foi aditado o número 7.

II – A letra do n.º 2 deverá ser analisada de forma restritiva. Com efeito, importa verificar se a letra da lei está em conformidade com o seu espírito. Nesta situação concreta, necessário se torna procurar saber o pensamento do legislador que terá consagrado as "*soluções mais acertadas, como ainda soube exprimir o seu pensamento em termos adequados*" (Oliveira Ascensão – O Direito, Introdução e Teoria Geral, pag. 327). Assim, em nosso entender, este comando apenas se aplica nas situações em que os titulares inscritos são os loteadores ilegais e as parcelas participadas na matriz ou os promitentes-compradores são outras pessoas que não os loteadores ilegais. Já não poderá ser assim numa situação em que o titular inscrito adquiriu ao loteador ilegal e depois prometeu transmitir a sua parcela a um terceiro.

A – Vejamos o seguinte exemplo: João comprou ao loteador ilegal uma parcela em avos e registou-a a seu favor; algum tempo depois, João, através de um contrato promessa de compra e venda, prometeu vender o seu direito a Pedro que, de imediato, construiu sem licença municipal uma garagem ou uma habitação precária, inscrevendo a dita construção na matriz; por qualquer razão nunca foi realizada a escritura definitiva de compra e venda entre João e Pedro, promitentes vendedor e comprador. Porém João, que ainda tem a inscrição no registo predial a seu favor, vende por escritura pública o seu direito a Ricardo e este registou a parcela em avos a seu favor. Ora nesta situação, quem tem direito de participar na Assembleia? Numa situação destas, o direito de participar deverá ser do titular inscrito, ou seja o Ricardo, até que o dono da construção torne indiscutível o seu direito, pois sempre lhe assiste a possibilidade de o fazer, ou intentando uma acção de execução específica contra o promitente vendedor ou através do mecanismo da usucapião, qualquer das figuras jurídicas previstas no Código Civil. De outra forma seria uma subversão completa da lei civil, o que o legislador justamente não terá querido fazer.

B – A situação de preferência relativamente aos titulares inscritos, visa acautelar os interesses daqueles que se assumiram como promitentes-compradores de Lotes destacados ou de parcelas indivisas aos loteadores ilegais, e que não lograram obter a respectiva escritura definitiva de compra, ou porque estes loteadores ilegais se furtaram a isso ou porque a legislação mudou e impediu definitivamente a compra e venda de lotes ou de parcelas em avos, respectivamente o DL 289/73, de 6 de Junho e o D.L 400/84, de 31 de Dezembro, como melhor se explicitou nas notas **III e IV** ao artigo 2.º.

C – Ora no caso hipotético em apreço a situação não é esta, o que aconteceu foi que **um titular inscrito de uma parcela em avos, não o loteador ilegal**, transmitiu a sua parcela duas vezes: a primeira vez através de um contrato promessa nunca tornado definitivo (por culpa não se sabe de quem – pois o promitente comprador até podia ter recebido o sinal em dobro pela não concretização da escritura), e uma segunda vez através de escritura pública.

D – Assim, nos termos da legislação civil, o titular inscrito tem a presunção do direito, que poderá ser ilidida através dos meios judiciais. Enquanto esta situação subsistir, o direito de participação na assembleia de comproprietários é do titular inscrito, ou seja do Ricardo.

E – Ainda assim, mesmo que o promitente-comprador tivesse assento na assembleia com preterição do titular inscrito, este direito só seria eficaz nas assembleias que não tivessem na ordem de trabalhos a divisão da coisa comum porque aí, se lhe fosse adjudicado o lote correspondente à parcela de que se reclama comproprietário, não seria eficaz, na medida em que o alvará nunca poderia ser emitido também em seu nome, por não ter qualquer inscrição válida no registo predial, conforme se alcança do n.º 1 do artigo 18 da Lei 91/95, o que implicaria a recusa de registo do alvará, na parte em que estivesse em desconformidade com a lei.

F – Ora a listagem dos possuidores tem que estar em conformidade com a certidão registral e quem consta na Certidão registral é sempre o Ricardo. Embora o registo não seja constitutivo de direitos, *"o registo predial destina-se essencial-*

mente a dar publicidade à situação jurídica dos prédios, tendo em vista a segurança do comércio jurídico imobiliário", conforme dispõe o artigo 1.º do Crp.

G – Por outro lado, não fazia qualquer sentido admitir Pedro numas assembleias e não em outras, até porque o mais importante das deliberações tem a ver com o projecto de loteamento e os interesses dos comproprietários legítimos e não dos possuidores precários, porque o direito dos primeiros presume-se longo e duradouro e uma solução urbanística menos ponderada só a eles – aos comproprietários legítimos – pode prejudicar no futuro e não ao possuidor precário.

Ver nota **III** ao artigo 18.º.

III – Analisando ainda a restrição de participação na assembleia aos titulares inscritos, a mesma restrição *"parece de duvidosa constitucionalidade. O artigo 82.º da CRP ao reconhecer o direito à propriedade privada reconhece, ao seu dono, os direitos de uso, fruição e disposição do art.º 1305 do Código Civil"*, conforme escreve Carvalho Matos (obra citada, pág. 30).

Na verdade, numa primeira análise, parece que terá razão o colega Carvalho Matos, ressalvando o que se disse na nota anterior.

Ainda assim, deveremos analisar a situação em conformidade com o disposto no n.º 2 do artigo 45.º., onde se presume que o loteador ilegal pretendeu integrar no domínio público as áreas que afectou a espaços verdes, etc..

Outras disposições da Lei das AUGI parecem de duvidosa constitucionalidade, salvaguardando, contudo as aprofundadas anotações aos artigos 37.º e 40.º.

Ainda sobre o n.º 2, ver restrições de voto inseridas nos n.ºs 3 e 4 do artigo 13.

IV – Tradição, inserida no n.º 2, é a transmissão das parcelas, fica o esclarecimento para não juristas;

V – O n.º 5 visa responsabilizar as câmaras pela boa condução dos processos, o que nem seria de colocar em dúvida, segundo a experiência que colhemos nesta área.

VI – O n.º 7, agora aditado, vem clarificar alguns deveres com a reconversão apenas em termos processuais. Se atentarmos na letra e no espírito dos n.ºs 1 a 3 do artigo 3.º, verificamos que os deveres e encargos com a reconversão urbanística recaem sobre os proprietários ou comproprietários. O n.º 4 do mesmo artigo 3.º admite o direito de regresso sobre aqueles de quem hajam adquirido, apenas quanto às importâncias em dívida no momento da sua aquisição. Ora se um interessado adquiriu um lote ou uma parcela de uma AUGI, por transmissão entre vivos, deverá registar o seu direito na CRP respectiva. Mesmo que não o faça, sempre será responsável pelas despesas de reconversão, independentemente de exercer o direito de regresso contra o transmitente.

Artigo 10.º
Competências da assembleia

1 – Compete à assembleia acompanhar o processo de reconversão e fiscalizar os actos da comissão de administração, sem prejuízo das competências atribuídas à comissão de fiscalização.

2 – Compete ainda à assembleia:

a) Deliberar promover a reconversão da AUGI;

b) Eleger e destituir a comissão de administração;

c) Eleger e destituir os representantes dos proprietários e comproprietários que integram a comissão de fiscalização;

d) Aprovar o projecto de reconversão a apresentar à câmara municipal, na modalidade de pedido de loteamento;

e) Avaliar a solução urbanística preconizada, na modalidade de reconversão por iniciativa municipal;

f) Aprovar os mapas e os respectivos métodos e fórmulas de cálculo e as datas para a entrega das comparticipações referidos na alínea c) do n.º 1 do artigo 15.º;

g) Aprovar, após parecer da comissão de fiscalização, os orçamentos apresentados pela comissão de administração para a execução das obras de urbanização;

h) Aprovar o projecto de acordo de divisão da coisa comum;

i) Aprovar, após parecer da comissão de fiscalização, as contas anuais, intercalares, da administração conjunta;

j) Aprovar, após parecer da comissão de fiscalização, as contas finais da administração conjunta.

3 – As competências da assembleia de proprietários e comproprietários são indelegáveis.

4 – A assembleia de proprietários e comproprietários não pode constituir mandatário para o exercício das funções da comissão de administração, sem prejuízo do disposto no n.º 2 do artigo 55.º

5 – A fotocópia certificada da acta que contém a deliberação da assembleia que determine o pagamento de comparticipação nas despesas de reconversão constitui título executivo.

NOTAS:

I – Pela 1.ª alteração (Lei n.º 165/99, de 14/9) este artigo sofreu várias modificações. A sua versão original era a seguinte:

1 – Compete à assembleia acompanhar o processo de reconversão e fiscalizar os actos da comissão de administração.

2 – Compete ainda à assembleia:

a) Deliberar promover a reconversão da AUGI;

b) Eleger e destituir a comissão de administração;

c) Aprovar o projecto de reconversão a apresentar à câmara municipal, na modalidade de pedido de loteamento;

d) Avaliar a solução urbanística preconizada no plano de pormenor em sede de inquérito público;

e) Aprovar o projecto de acordo de divisão da coisa comum;

f) Aprovar os orçamentos apresentados pela comissão de administração para a execução das obras de urbanização;

g) Aprovar as contas da responsabilidade da comissão de administração.

Pela 2.ª alteração (Lei n.º 64/2003, de 23/8), foi modificada a al. f) do n.º 2 e o n.º 5, que tinham a seguinte redacção:

f) Aprovar os mapas referidos na alínea b) do n.º 1 do artigo 15.º;

5 – A pública-forma da acta que contém a deliberação da assembleia que determine o pagamento de comparticipação nas despesas de reconversão constitui título executivo

Pela 3.ª alteração (Lei n.º 10/2008, de 20/2) foi modificada a al. e) do n.º 1 que tinha a seguinte redacção:

e) Avaliar a solução urbanística preconizada no plano de pormenor em sede de inquérito público;

II – As al. h) e j) do n.º 2 do artigo 10, devem ser aprovadas por maioria absoluta, nos termos do artigo 13, conforme artigo 12/2. Há uma inovação em relação ao regime anterior no que respeita às contas, agora só precisam de ser aprovadas por maioria absoluta as contas finais, e não as contas intercalares.

Também a destituição da comissão de administração carece de aprovação da maioria absoluta do total de votos da assembleia, conforme determina o n.º 2 do artigo 16.º.

III – Sobre a al. h) do n.º 2, ver nota II ao artigo 29.

Apesar do n.º 4 determinar que a assembleia não pode constituir mandatários, a CA globalmente ou os seus membros, a título individual, sempre o poderão fazer, para situações específicas.

IV – A disposição do n.º 5, veio conferir a força de título executivo à pública forma das actas da deliberação da assembleia que determine o pagamento de comparticipação nas despesas de reconversão, à semelhança do que determina o artigo 6.º do D.L. n.º 268/94, de 25 de Outubro, para os condomínios de prédios em propriedade horizontal. Foi uma alteração com um grande sentido prático, possibilitando mais facilidades às Comissões de Administração para cobrar as dívidas aos comproprietários que não paguem a sua quota-parte de livre vontade. A filosofia desta norma está no mesmo sentido do n.º 1 do artigo 12 da Lei 91/95.

Artigo 11.º
Convocação da assembleia

1 – A assembleia reúne por iniciativa da comissão de administração ou de um grupo de proprietários ou comproprietários detentores de 5% do número total de votos na assembleia, calculado nos termos do artigo 13.º

2 – A assembleia é convocada por escrito, mediante registo postal enviado para a morada dos membros que nela podem ter assento, presumindo-se, na falta de outra indicação, que a morada é a constante da inscrição registral do respectivo direito.

3 – O aviso convocatório é obrigatoriamente afixado na sede da junta de freguesia e publicado num dos jornais de divulgação nacional.

4 – A convocatória é enviada com a antecedência mínima de 15 dias.

5 – A convocatória deve indicar a data, hora e local da reunião, bem como a respectiva ordem de trabalhos, e especificar que é realizada ao abrigo do presente diploma.

6 – Se as deliberações sobre as matérias constantes da ordem de trabalhos dependerem da consulta a peças escritas ou desenhadas, devem estas estar à disposição para tal fim, durante o prazo de antecedência do aviso convocatório, na sede da junta de freguesia, circunstância que deve constar também expressamente do texto da convocatória.

7 – A convocatória da assembleia constitutiva da administração conjunta deve ser feita com antecedência mínima de 30 dias e ser enviada a quem nela tenha direito a participar, mediante registo postal e aviso de recepção.

8 – No decurso do prazo que medeia entre o aviso da assembleia convocada para deliberar sobre o projecto de acordo de divisão da coisa comum e a realização da mesma, ficam à disposição na sede da junta ou juntas de freguesia, para consulta dos interessados, os seguintes elementos:

a) Lista dos titulares inscritos do prédio, identificados, tanto quanto possível, nos termos da alínea *e*) do n.º 1 do artigo 93.º do Código do Registo Predial, com referência à quota indivisa que cada um detém e à inscrição que lhe corresponde, lista essa que se destina a ser assinada pelos próprios na assembleia, para verificação dos interessados presentes e respectivo número de votos;

b) Cópia do alvará de loteamento;

c) Projecto de divisão proposto.

NOTAS:

I – Pela 1.ª alteração (Lei n.º 165/99, de 14/9), foi acrescentado o número 8, que visa dar a conhecer, com antecedência, alguns elementos que são importantes para a formação da opinião dos comproprietários para a divisão da coisa comum, ou seja para que a AUGI ainda indivisa seja efectivamente adjudicada em lotes aos legítimos possuidores das parcelas.

A al. e) do n.º 1 do artigo 93 do CRP, diz o seguinte:

"*N.º 1 – Do extracto da inscrição deve constar:*

e) A identificação dos sujeitos do facto inscrito, pela menção do nome completo, estado e residência das pessoas singulares, ou da denominação ou firma e sede das pessoas colectivas, bem como a menção do nome do cônjuge e do regime matrimonial de bens, se os sujeitos forem casados, ou, sendo solteiros, a indicação de serem maiores ou menores."

Pela 2.ª alteração (Lei n.º 64/2003, de 23/8), foi dada outra redacção ao n.º 2, determinando **o registo postal**, em vez de correio normal.

II – Mesmo com a obrigatoriedade do registo postal, mantém-se o dever de publicação da convocatória num jornal de divulgação nacional, para suprir alguma eventual falta de recebimento da convocatória, conforme estipula o n.º 3. Embora a lei não o obrigue, parece-nos aconselhável que a assembleia destinada à divisão da coisa comum seja também convocada por carta registada com aviso de recepção, visto tratar-se de um acto com grande significado para todos os comproprietários que não deve ser tomado de ânimo leve. Aconselha-se, pois, que sejam acautelados todos os mecanismos de participação dos interessados e, também, para que em qualquer momento a Comissão de Administração possa fazer prova, perante eventuais impugnações de comproprietários que invoquem desconhecimento da assembleia de divisão.

Apesar da lei não o prever, parece-nos que a convocatória poderá ser entregue aos interessados através de protocolo, à semelhança com o estatuído no n.º 2 do artigo 23 que remete para um preceito do RJUE – D.L. n.º 555/99.

III – Sobre as peças que devem estar afixadas na sede da Junta de Freguesia para consulta, já resultou um litígio devido a uma deliberação de uma assembleia de comproprietários que aprovou uma proposta escrita numa folha de papel A4 sobre os critérios de repartição de encargos com as infra-estruturas de uma AUGI, o que um comproprietário impugnou, alegando que a dita proposta deveria ter sido afixada na sede da Junta de Freguesia. Sobre o diferendo foi proferida uma sentença pelo Tribunal de primeira instância de Loures que manifestou o entendimento de que só as peças escritas mais complexas necessitam de ser afixadas, o que não era o caso, pois aquela proposta era de fácil explanação e entendimento para ser votada na assembleia, não necessitando de ser afixada com antecedência. Houve recurso desta sentença pelo mesmo comproprietário para o Tribunal da Relação de Lisboa que confirmou a decisão do Tribunal recorrido, por acórdão de 4/5/99.

IV – Damos exemplo de uma primeira convocatória por iniciativa de um grupo de comproprietários:

AUGI – ÁREA URBANA DE GÉNESE ILEGAL – BAIRRO DA QUINTA DA PAPA – FREGUESIA DE CANEIRAS, CONCELHO DE ALMOCREVES

CONVOCATÓRIA

Caros proprietários/comproprietários

Ao abrigo do art.º 11, da Lei 91/95, de 2 de Setembro, com as alterações posteriormente introduzidas, convoca-se a Assembleia Constitutiva de Administração Conjunta de proprietários/comproprietários dos prédios integrados na AUGI – Área Urbana de Génese Ilegal – denominada Bairro da Quinta da Papa, na freguesia de Caneiras, concelho de Almocreves, inscritos na matriz predial sob os *artigos 91 e 92, ambos da Secção E* da freguesia de Caneiras, bem como todos os donos das construções neles edificadas, desde que devidamente participadas na respectiva matriz, e ainda os promitentes-compradores de parcelas, desde que possuidores das mesmas.

A Assembleia terá lugar no dia ___/___/___, pelas 9h30, na sede da Associação de Moradores sita na Rua do Norte, no Bairro da Quinta da Papa, freguesia de Caneiras, com a seguinte:

ORDEM DE TRABALHOS

Ponto 1 – Adesão à Lei 91/95, para a Reconversão da Área Urbana de Génese Ilegal;
Ponto 2 – Eleição da Comissão de Administração;
Ponto 3 – Eleição da Comissão de Fiscalização;
Ponto 4 – Informações diversas.

Não havendo número legal de comproprietários para deliberar em primeira convocação, convoca-se, desde já, a mesma Assembleia Geral para reunir em segunda convocação, com a mesma Ordem de Trabalhos, no mesmo dia e local, pelas 10h00, deliberando então com qualquer número de comproprietários presentes, desde que sejam os suficientes para cumprir o estabelecido legalmente.

Caneiras, ___/___/___

Os proprietários/comproprietários
(o número mínimo de comproprietários que assina deve respeitar o estatuído no n.º 1 deste artigo)

Artigo 12.º
Funcionamento da assembleia

1 – A assembleia delibera em primeira ou em segunda convocatória nos termos previstos no Código Civil para a assembleia de condóminos dos prédios em propriedade horizontal, sem prejuízo do disposto nos números seguintes.

2 – As deliberações sobre as matérias previstas nas alíneas *h*) e j) do n.º 2 do artigo 10.º são tomadas por um número de proprietários ou comproprietários representativos da maioria absoluta do total de votos da assembleia, calculada nos termos do artigo 13.º

3 – É admitida a votação por escrito até ao início da reunião da assembleia, nos casos em que a convocatória contenha o texto integral da proposta concreta de deliberação, devendo a assinatura estar reconhecida notarialmente.

4 – Sem prejuízo do disposto no número seguinte, a acta da assembleia é elaborada e assinada pela comissão de administração, devendo mencionar os interessados que hajam votado contra as deliberações aprovadas.

5 – A acta da assembleia referente à deliberação de aprovação do projecto de acordo de divisão de coisa comum, depois de aprovada, é assinada pelos presentes.

6 – É obrigatória a publicação das deliberações produzidas, em forma de extracto, no prazo de 15 dias, mediante aviso a afixar na sede da junta de freguesia e por anúncio no jornal onde foi publicado o aviso convocatório da assembleia, quando na mesma não tenham estado presentes ou representadas todas as pessoas que nela podem ter assento.

7 – A publicação da deliberação de que foi aprovado o projecto de acordo de divisão de coisa comum deve mencionar, sob pena de invalidade, o cartório notarial onde vai ter lugar o acto referido no n.º 4 do artigo 38.º, podendo aquele ser o notário privativo da respectiva câmara municipal, mediante deliberação desta, a requerimento da comissão de administração.

8 – As deliberações da assembleia podem ser judicialmente impugnadas por qualquer interessado que as não tenha aprovado, no prazo de

60 dias a contar da data da assembleia ou da publicação referida no n.º 6 do presente artigo, consoante aquele haja ou não estado presente na reunião.

9 – É organizado um livro de presenças nas assembleias, para efeitos de verificação da legitimidade e contagem do prazo de impugnação das respectivas deliberações.

NOTAS:

I – Pela 1.ª alteração (Lei n.º 165/99, de 14/9), foram acrescentados os números 6, 7 e 8, e modificados os números 2, 4 e 5 que tinham a seguinte redacção:

2 – As deliberações sobre as matérias previstas nas alíneas e) e g) do n.º 2 do artigo 10.º são tomadas por um número de proprietários ou comproprietários representativos da maioria absoluta do total de votos da assembleia, calculada nos termos do artigo 13.º

4 – É obrigatória a publicação das deliberações produzidas, em forma de extracto, no prazo de oito dias, mediante aviso a afixar na sede da junta de freguesia e por anúncio no jornal onde foi publicado o aviso convocatório da assembleia, quando na mesma não tenham estado presentes ou representadas todas as pessoas que nela podem ter assento.

5 – As deliberações da assembleia podem ser judicialmente impugnadas nos termos legais.

Pela 2.ª alteração (Lei n.º 64/2003, de 23/8) foi acrescentada a parte final do n.º 6 que admite a realização da escritura pelo notário privativo da respectiva câmara municipal, mediante deliberação desta, a requerimento da comissão de administração.

Pela 3.ª alteração (Lei n.º 10/2008, de 20/2) foram aditados os números 4 e 9, tendo os anteriores números 4 a 7 passado a ser os actuais números 5 a 8, sendo eliminado o n.º 8 que tinha a seguinte redacção:

8 – A acção de impugnação é intentada contra a administração conjunta, representada pela comissão de administração.

II – Para não juristas, as assembleias de condóminos dos prédios em regime de propriedade horizontal referidas no n.º 1, são as assembleias dos proprietários das diversas fracções de um determinado prédio, matéria que está contemplada no Código Civil.

Do mesmo C. C. transcrevemos algumas das disposições invocadas com maior interesse, constantes no artigo 1432 que estipula:

Artigo 1432
1 – ...
2 – A convocatória deve indicar o dia, hora, local e ordem de trabalhos da reunião e informar sobre os assuntos cujas deliberações só podem ser aprovadas por unanimidade dos votos.
3 – As deliberações são tomadas, salvo disposição especial, por maioria dos votos representativos do capital investido.
4 – Se não comparecer o número de condóminos suficiente para se obter vencimento e na convocatória não tiver sido desde logo fixada outra data, considera-se convocada nova reunião para uma semana depois, na mesma hora e local, podendo nesse caso a assembleia deliberar por maioria de votos dos condóminos presentes, desde que estes representem, pelo menos, **um quarto do valor total do prédio.**
5 – ...

III – Pela remissão que é feita no n.º 1 para as regras do condomínio, e pela leitura a contrário do comando do n.º 2, o quórum de funcionamento para aprovação das restantes competências da assembleia **é de um quarto do valor da AUGI**, conforme se demonstra pela transcrição do n.º 4 do artigo 1432 do C.C..

IV – Sobre a segunda parte do n.º 2 *"a maioria absoluta do total de votos da assembleia, calculada nos termos do artigo 13.º,"* analisaremos a sua interpretação e as suas consequências nas notas **IV** a **VII** ao artigo seguinte.

Também a destituição da comissão de administração carece de maioria absoluta – vide artigo 16/2;

V – Pela 3.ª alteração, foram introduzidas algumas modificações significativas: no n.º 4, fica estabelecido que a acta deve mencionar os interessados que tenham votado contra as deliberações aprovadas na assembleia, sendo que a generalidade das actas poderão ser assinadas apenas pela comissão de administração. Contudo, o n.º 5 estipula que a acta da assembleia referente à deliberação de aprovação do projecto de acordo de divisão da coisa comum, depois de aprovada, é assinada pelos presentes.

Apesar de o legislador não o referir, parece de toda a razoabilidade que a acta mencione também os interessados que se abstiveram nas deliberações. Por um lado será uma salvaguarda de eventuais responsabilidades; por outro lado, se mais tarde forem levantadas dúvidas, por exemplo, sobre a formação das maiorias legais de aprovação de alguns pontos da ordem de trabalhos.

A aprovação do projecto de acordo de divisão da coisa comum é um acto jurídico de grande significado, na medida em que esta deliberação deve ser tomada por maioria absoluta de proprietários ou comproprietários, nos termos conjugados do n.º 2 do artigo 12.º e da al. h) do n.º do artigo 10.º. Tal metodologia de deliberação, por maioria, acaba por ser uma derrogação dos direitos reais, mormente o direito previsto no art.º 1305 do Código Civil, onde se prevê que "*o proprietário goza de modo pleno e exclusivo dos direitos de uso, fruição e disposição das coisas que lhe pertencem., dentro dos limites da lei e com observância das restrições por ela impostas.*" Como se verifica na parte final, **dentro dos limites da lei**, o próprio CC admite limites aos direitos de propriedade, tais como " expropriação por utilidade pública" (artigo 1308 do CC), assim como há outras limitações e restrições ao direito de construir, conforme indiciámos no número 37 da Introdução e que iremos desenvolver mais detalhadamente nas notas **III-D-F-G-H** e ainda nota **V**, ambas ao artigo 37.º.

VI – A alteração introduzida pela Lei n.º 64/2003, possibilitando que a escritura de divisão da coisa comum possa ser feita pelo notário privativo da câmara municipal, é também uma forma de agilizar processos e simplificar burocracias, por vezes devido à dificuldade de encontrar um notário disponível para realizar este tipo de escrituras, geralmente complexas e extensas.

Faz-se notar ainda que a possibilidade de realização da mencionada escritura pelo no notário privativo da câmara municipal, foi uma sugestão de Carvalho Matos (obra citada, pág. 152).

VII – O acto mencionado no n.º 7, e referido no 4 do artigo 38.º, é a outorga da escritura a realizar no cartório notarial também referido no n.º 5 do mesmo artigo.

A publicação da deliberação determinada no n.º 7, visa facilitar as impugnações mencionadas no n.º 8 deste artigo e no n.º 3 do citado artigo 38.

O n.º 9, ao impor um livro de presenças nas assembleias, vem possibilitar que, em qualquer momento, e para os efeitos convenientes, possa ser aferido quem participou ou não nas deliberações, em especial naquelas em que a acta só foi assinada pela comissão de administração.

Para os efeitos de aferir o quórum de funcionamento da assembleia ou para o cálculo das maiorias, relativas ou absolutas, parece-nos adequado que, em complemento do mesmo, deverá existir uma listagem de todos os titulares da AUGI com a área dos seus lotes e ou das suas parcelas em avos, tendo em vista facilitar os cálculos que, por vezes, será necessário efectuar no decorrer dos trabalhos, de forma que a acta possa ser elaborada de imediato, em especial no caso em que se exige a assinatura dos presentes. Ou, em alternativa ao livro de presenças, parece-nos mais funcional a existência em cada assembleia, da dita listagem com o nome de todos os titulares da AUGI, indicando a data da sua realização, a área dos lotes e ou das parcelas em avos pertencentes a cada um deles, bem como o número do lote previsto no projecto de loteamento para cada titular.

VIII – Exemplificamos com uma minuta de extracto de acta para publicação, fazendo constar na mesma o quórum deliberativo:

AUGI – ÁREA URBANA DE GÉNESE ILEGAL – BAIRRO DA QUINTA DA PAPA – FREGUESIA DE CANEIRAS, CONCELHO DE ALMOCREVES

EXTRACTO DA ACTA N.º 1

Aos vinte e três dias do mês de .... de dois mil e ...., pelas dez horas, reuniu a Assembleia de proprietários e comproprietários de Administração Conjunta dos prédios integrados na AUGI do Bairro da Quinta da Papa, na sede da Associação de Moradores sita na Rua do Norte, no Bairro da Quinta da Papa, freguesia de Caneiras, de acordo com a convocatória enviada a todos os interessados por registo postal, afixada na respectiva Junta de Freguesia e publicada no jornal (indicar o nome do jornal) no dia ___/___/___, nos prazos e nos termos legais, com a seguinte:

ORDEM DE TRABALHOS
Ponto 1 – Adesão à Lei 91/95, para a Reconversão da Área Urbana de Génese Ilegal;
Ponto 2 – Eleição da Comissão de Administração;
Ponto 3 – Eleição da Comissão de Fiscalização;
Ponto 4 – Informações diversas
Por falta de quórum para reunir às 9h30, iniciaram-se os trabalhos às 10h00, conforme constava no aviso convocatório, tendo sido registada a presença de ___% dos interessados com direito a voto.
A mesa que dirigiu os trabalhos era composta pelos subscritores da convocatória, tendo o Sr. Rui .... feito um breve historial das razões desta assembleia e da conveniência da reconversão do Bairro nos termos da lei 91/95, o que suscitou algumas perguntas da parte dos presentes a que foram dadas as respostas apropriadas.

Nestes termos, deu-se início à Ordem de Trabalhos, colocando em discussão e votação o primeiro ponto, tendo sido deliberado reconverter a AUGI, nos termos da Lei 91/95, de 2 de Setembro, com vinte votos a favor, zero votos contra e uma abstenção.

De imediato passou-se ao ponto dois, tendo o Sr. Rui ... apresentado uma lista candidata a exercer as funções de Comissão de Administração, indicando para presidente Vítor ...., para tesoureiro Rui ..., e, sem cargos definidos, António ...., Alexandre .... e José ...... Por fim perguntou se mais algum dos presentes queria apresentar outra lista, o que não se veio a verificar.

Colocada a única lista à votação, foi a mesma aprovada com vinte e dois votos a favor, zero votos contra e três abstenções.

Por fim, para cumprimento do ponto três, o Sr. Rui apresentou uma lista para exercer as funções de Comissão de Fiscalização, indicando para presidente Eduardo ..., para relator Carlos ... e para vogal Pedro ...., e ainda para revisor oficial de contas o Dr. Emídio ...., dado não ter sido apresentada outra lista, foi aquela posta em votação e foi aprovada por unanimidade dos presentes.

Nada mais havendo a tratar, foi encerrada a Assembleia cerca das treze horas e lavrada a respectiva acta devidamente assinada pelos presentes.

Para constar, e para cumprimento da Lei, se publica este extracto de Acta que vai ser afixado na sede da Junta de freguesia e publicado no mesmo jornal onde foi publicada a convocatória.

O Presidente da Comissão de Administração

(assinatura)

IX – Para esta O. T. não é necessária maioria absoluta – ver nota **III** a este artigo. No livro, a acta deve ser toda redigida por extenso, inclusivamente a data e a hora.

Ainda assim, não sendo necessária maioria absoluta para os assuntos constantes nesta O.T., sempre que se torne indispensável verificar se estão reunidas as maiorias previstas na lei, importa acautelar alguns procedimentos, designadamente sobre cálculo de quórum. Ver notas **IV** a **VII** ao artigo seguinte.

X – Embora a lei não diga, pensamos ser aconselhável a afixação do extracto da acta na sede da Junta de Freguesia, no prazo de 15 dias após a realização da assembleia, e por um período não inferior a 15 dias.

Artigo 13.º
Sistema de votação

1 – Cada interessado dispõe de um número de votos proporcional à área de que é detentor na AUGI.

2 – As áreas referidas no n.º 2 do artigo 45.º não conferem direito de voto.

3 – Os membros da assembleia referidos no n.º 2 do artigo 9.º dispõem do mesmo número de votos de que disporia o titular do direito sobre a parte concreta do solo por si ocupada, não podendo votar a deliberação prevista na alínea h) do n.º 2 do artigo 10.º

4 – Não têm direito de voto os proprietários ou comproprietários referidos no artigo 45.

NOTAS:

I – Pela 1.ª alteração (Lei n.º 165/99, de 14/9) foram modificados os números 1, 2 e 3 que tinham a seguinte redacção:

1 – Nas situações de compropriedade, cada comparte dispõe de um número de votos proporcional à quota indivisa que detém no prédio.

2 – Nos restantes casos, cada interessado terá tantos votos quanto o número de prédios de que for titular na área abrangida pela AUGI.

3 – Os membros da assembleia referidos no n.º 2 do artigo 9.º dispõem do mesmo número de votos de que disporia o titular do direito sobre a parte concreta do solo por si ocupada, não podendo votar a deliberação prevista na alínea e) do n.º 2 do artigo 10.º

II – A alteração do vocábulo de "*prédio*" para AUGI, constante no n.º 1, justifica-se porque há AUGI constituídas por mais do que um prédio, assim como um prédio pode não estar todo inserido dentro da área da AUGI; há mesmo algumas situações conhecidas do autor de que, por vezes, só parcialmente alguns prédios estão inseridos e delimitados numa AUGI sendo que, outras vezes, existem prédios em que só uma determinada área entra numa AUGI e a parte restante, ou mesmo outra parte, entra noutra AUGI; são mesmo conhecidas situações em que parte do prédio não está integrado em qualquer AUGI, por não ter sido dividido ou parcelado para construção, por estar inserida em zonas de RAN ou de REN, ou por os interessados ou o município ainda não terem manifestado interesse na sua reconversão.

III – Na versão inicial da Lei das AUGI, o autor concebeu uma exemplificação mais simplista para conferir o quórum deliberativo das respectivas assembleias de proprietários e ou comproprietários, utilizando com a devida vénia do arquitecto António Alves Pereira, o quadro de que é autor num projeto de loteamento de uma AUGI:

QUADRO SÍNTESE E ÍNDICES DO LOTEAMENTO DA AUGI do Bairro de ...

Área total de propriedades rústicas a lotear	77.710 m2
Área de parte do artigo 7 da secção (...)	65.766 m2
Área total do artigo 8 da secção (...)	11.944 m2
Área dos lotes da AUGI	51.715,47 m2
Área dos lotes de cedência ao município	9.347,49 m2
Área a integrar no domínio público (arruamentos, estacionamentos, etc.)	16.602,56 m2
Área a integrar no domínio público (zonas verdes, etc.)	44,48 m2
Área total de cedências	25.994,53 m2
N.º total de lotes	160
Lotes para habitação	154
Lotes cedidos ao município	6
N.º de fogos previstos	185
N.º total de habitantes previsto (185 fogos X 3,5 hab. Fogo)	647
N.º de estabelecimentos comerciais (incluídos nos lotes)	11
N.º de estacionamentos privados (garagens)	197
N.º de estacionamentos públicos	99
Densidade populacional (647 hab./7,77ha)	83,2 hab. Hect.
Densidade habitacional (185 fog / 7,77 ha = 23,8 fog/hect).	
Coeficientes de ocupação máximo por lote	0,4
Área total de ocupação prevista	20.686,19 m2
Área total de construção prevista	43.150,54 m2
Volume de construção prevista	129.451,62 m3
Coeficiente de ocupação bruto do solo	0,27
Coeficiente de construção global	0,56
Índice máximo impermeabilização do solo (referido ao lote)	0,65
Área diferença para os mínimos da portaria 1.182/92	– 1.915,7 m2

De acordo com este quadro síntese, em que a AUGI tem uma área total de 77.710 m2 (considerando que não há áreas integradas nos termos do n.º 2 do artigo 45.º), para haver quórum deliberativo da assembleia de comproprietários, serão necessárias as seguintes presenças para deliberar com validade:

a) Se for exigida maioria absoluta, representantes de possuidores de 38.856 m2 (77.710 : 2 = 38.855);

b) se for exigida maioria relativa de 1/4, representantes de 19.328 m2 (77.710: 4 = 19.327,5.

IV – Nesta situação, tendo em conta a redacção menos exigente do sistema de votação definido inicialmente no artigo 13.º, e tomando como exemplo o Projecto de Loteamento aprovado e sintetizado no Quadro supra, concebemos maiorias deliberativas onde reconhecíamos à Assembleia de Administração Conjunta legitimidade para deliberar, com base nas áreas dos titulares da AUGI, a que se poderiam somar as áreas das parcelas que o loteador ilegal quis integrar no domínio público, conforme estipula o n.º 2 do artigo 45.

Tal modelo de deliberação não era, afinal, muito diferente do que agora está consignado. Com a redacção dada posteriormente ao n.º 2 do artigo 13.º, apenas a área que se presume que o loteador ilegal quis integrar no domínio público (art.º 45.º, n.º 2) não está na disponibilidade deliberativa da assembleia. Contudo, a metodologia sugerida antes da modificação introduzida pela 1.ª alteração, tanto quanto se sabe, não terá prejudicado qualquer titular de AUGI, pois as deliberações de assembleias de que há conhecimento, quase sempre com dezenas de titulares, eram tomadas por significativas maiorias dos seus titulares, quando muito com meia dúzia de votos contra ou de abstenções.

Aquela interpretação do autor, não era pacífica, pois havia quem discordasse com argumentos devidamente fundamentados. Talvez por isso, o legislador, através da 1.ª alteração (Lei n.º 165/99, de 14/9), introduziu a actual redacção dos números 1 a 4, onde o n.º 1 determina que *"cada interessado dispõe de um número de votos proporcional à área de que é detentor na AUGI"*; dizendo no n.º 2, categoricamente, que *"as áreas referidas no n.º 2 do art.º 45.º não conferem direito de voto"*.

V – Na redacção dada aos números 1 e 2 do artigo 13.º, não se alcança se as áreas referidas no n.º 2 do artigo 45.º serão consideradas para o total da área da AUGI, sempre que tenha que ser apurado o quórum de funcionamento das assembleias, nem para o cálculo das maiorias relativas ou absolutas.

Todavia, o n.º 2 do artigo 12.º diz em síntese, *"que as deliberações (…) são tomadas por um número de proprietários ou comproprietários representativos da maioria absoluta do total de votos da assembleia, calculada nos termos do artigo 13.º."*

A propósito da comissão de administração, também o n.º 2 do artigo 16.º determina: *a destituição (*da comissão de administração*) carece da maioria absoluta do total dos votos da assembleia, calculado nos termos do artigo 13.º."*

Ora como o n.º 2 do artigo 13.º diz que as áreas referidas no n.º 2 do artigo 45.º não conferem direito de voto, parece que o legislador estabelece como totalidade de votos da assembleia a soma da área (em lotes destacados ou em avos) pertencente aos titulares da AUGI, pois só estes têm legitimidade para votar. Dando como exemplo o caso da nota **VI-A** que se segue, embora a área total do prédio seja de 12.400 m2, a totalidade dos votos será apenas de 11.400 m2, correspondentes aos avos de todos os titulares inscritos.

Assim, com o devido respeito por opinião em contrário, iremos desenvolver o nosso raciocínio, tomando como razoável que se as áreas referidas no n.º 2 do artigo 45.º, não conferindo direito de voto, deverão ser deduzidas ao total da área da AUGI, par não desvirtuar a proporção real relativamente ao número de votos que cada interessado dispõe, em conformidade com a maioria que o legislador limitou no supra mencionado n.º 2 do artigo 12.º.

Sobre o funcionamento da assembleia, regulada no n.º 1 do artigo 12.º, o legislador remete para o regime da assembleia de condóminos dos prédios em propriedade horizontal, regulado no artigo n.º 1432 do CC. No n.º 1 do artigo 13.º, estabelece o legislador que *"cada interessado dispõe de um número de votos proporcional à área de que é detentor na AUGI."*

De certo que o legislador não está a pensar em um voto por cada titular da AUGI, pois neste caso teria utilizado outra terminologia. Na verdade, sem fazer remissão para outro normativo, a terminologia utilizada está em conformidade com o estipulado no n.º 1 do artigo 1424 do CC:

"Salvo disposição em contrário, as despesas necessárias à conservação e fruição das partes comuns do edifício e ao pagamento de serviços de interesse comum são pagas pelos condóminos em proporção do valor das suas fracções".

Acrescente-se que o valor relativo de cada fracção é *"expresso em percentagem ou permilagem, do valor total do prédio,"* conforme estabelecido na parte final do n.º 1 do artigo 1418 do CC.

Refira-se, a propósito de representatividade de um voto por pessoa, que esta regra é utilizada em participação de cooperantes em assembleias reguladas no Código Cooperativo, independentemente do valor do capital social de cada cooperante.

VI – Voltando ao caso das AUGI, salienta-se que, por vezes, alguns lotes destacados ou algumas parcelas em avos, têm três ou quatro vezes mais área do que a média da generalidade dos lotes ou das parcelas, sendo que, em termos de loteamento final, nesses lotes ou parcelas resultam mais do que um lote.

A – Assim, para o caso de uma AUGI ser formada por parcelas em avos, com a área total de 12.400m2, onde se presume que o loteador ilegal quis integrar no domínio público 1.000m2, nos termos do n.º 2 do artigo 45.º, para avaliar o quórum de funcionamento para certas votações, faremos o seguinte exercício, com base no livro de presenças existente durante uma assembleia de comproprietários de dita AUGI.

Estavam presentes: Pedro – 550/12.400; João – 780/12.400; Eduardo – 1.000/12.400; Freitas – 750/12.400; Fernando – 1.330/12.400; Malaquias – 1.000/12.400; Jacinto – 700/12.400. Todos juntos somam 6.110/12.400. Ora como a área total será deduzida de 1.000m2 (área presumidamente integrada na AUGI pelo loteador ilegal), iremos considerar apenas 11.400m2 como a área afecta aos titulares presentes, o que corresponde a 53,59% da área considerada para efeitos de quórum, que seria suficiente para deliberar sobre o projecto de acordo de divisão da coisa comum e sobre as contas finais da administração conjunta, nos termos conjugados do disposto nas al. h) e j) do n.º 2 do artigo 10.º e do n.º 2 do artigo 12.º.

B – Se a situação fosse em lotes destacados, sendo a mesma área total da AUGI e a mesma área integrada nos termos n.º 2 do art.º 45.º, tendo os titulares dos lotes áreas equivalentes às das parcelas em avos, o resultado seria o mesmo, somando: Pedro – 550; João – 780; Eduardo – 1.000; Freitas – 750; Fernando – 1.330; Malaquias – 1.000; Jacinto – 700. Cuja soma será de 6.110m2. Esta situação não se aplicaria em termos de aprovação de projecto de acordo de divisão da coisa comum, na medida em que a AUGI constituída só por lotes destacados não precisa de divisão. O alvará de loteamento visa apenas a classificação do solo como urbano (antes era rústico), o que permitirá a legalização da construção existente (total ou parcialmente) e a emissão da respectiva autorização de utilização. Se o lote ainda não tiver construção, ficará com a mesma permissão de construir em conformidade com o estipulado no respectivo alvará de loteamento.

C – Quer na situação em avos, quer na situação em lotes destacados, se um dos titulares votasse contra por não se conformar com qualquer ponto da ordem de trabalhos (no caso dos lotes destacados só no que respeita à aprovação das contas finais) não sendo a lei clara sobre a dedução da área integrada pelo loteador ilegal, sempre poderia invocar o argumento de que a soma da área dos titulares presentes não satisfazia o quórum mínimo para deliberação, nem a área representada pelos votantes seria suficiente para deliberar, pois representavam apenas 6.110m2, o que correspondia 49,27% da área total da AUGI que seria de 12.400m2.

Ainda assim, considerados os 49,27% de votantes, sendo mais de ¼ do total da área da AUGI, sempre haveria quórum para outras deliberações, excepto para as que se exige maioria absoluta.

Contudo, à cautela, será sempre aconselhável que a soma dos votos dos titulares presentes na assembleia seja superior à área total da AUGI, sem dedução da área referida no n.º 2 do artigo 45.º, para retirar qualquer pretexto de impugnação, dado que os tribunais demoram demasiado tempo (anos e anos) a definir jurisprudência adequada.

VII – Havendo AUGI formadas só por lotes destacados, outras formadas só por parcelas em avos, outras ainda formadas, simultaneamente, por lotes destacados e por parcelas em avos, iremos rectificar algumas exemplificações de verificação de quórum das edições anteriores, deixando sempre de fora as áreas referidas no n.º 2 do artigo 45.º (quando existirem), nos termos seguintes:

A – Se a primeira contagem do número de votos, feita de braço no ar pelas pessoas presentes, a favor ou contra, for indiscutível, ou seja, se a diferença for de tal modo desequilibrada para um dos lados, a favor ou contra, não será necessário fazer qualquer soma aritmética, em conformidade com o estipulado no n.º 1 do artigo 13.º, mencionando-se na acta da assembleia o nome dos interessados que hajam votado contra as deliberações aprovadas.

B – Mas se a diferença entre votos a favor e contra oferecer dúvidas, deverá proceder-se à contagem e à soma das áreas respectivas que cada um dos proprietários ou comproprietários detêm na AUGI, comparando-a proporcionalmente com a área total da AUGI deduzida das áreas referidas no n.º 2 do artigo 45.º.

C – Para o caso de uma AUGI formada só por lotes destacados, será necessário somar as áreas dos lotes dos diversos titulares da AUGI, comparando-a proporcionalmente com a área total da AUGI (um ou mais prédios) deduzida das áreas referidas no n.º 2 do artigo 45.º.

D – Para o caso da AUGI ser formada exclusivamente por parcelas em avos, a situação será idêntica à anterior, isto é, será necessário somar à área das diversas parcelas dos diversos titulares da AUGI, comparando-a proporcionalmente com a área total da AUGI (um ou mais prédios) deduzida das áreas referidas no n.º 2 do artigo 45.º.

E – Se a AUGI for formada, simultaneamente, por lotes destacados e por parcelas em avos, é preciso somar as áreas dos lotes destacados e das parcelas em avos, de todos os titulares da AUGI, comparando-a proporcionalmente com a área total da AUGI (um ou mais prédios) deduzida das áreas referidas no n.º 2 do artigo 45.º.

F – Se houver dificuldades em fazer a soma das áreas conjuntamente do/s prédio/s divididos em lotes destacados e dos parcelados em avos, torna-se conveniente separar as operações aritméticas por cada prédio integrado na AUGI e, só depois, comparar proporcionalmente com a área total da AUGI, deduzida das áreas referidas no n.º 2 do artigo 45.º.

G – Por vezes há mesmo dificuldade em proceder à soma aritmética das áreas dos prédios integrantes da AUGI. Porque, se bem que por regra o parcelamento em avos seja equivalente a metros quadrados, existem outras formas de compropriedade em AUGI. Por exemplo, um prédio com 20.000m2, em regime compropriedade, nos termos seguintes: ½, sem determinação de parte ou direito, a favor de A, B, C, D, E, F, G, H, J, L e M; 3/32, a favor de N; 2/32, para O; 5/32, para P; 4/32, para Q; 2/32, para R. Nesta situação, implica fazer contas mais complexas para encontrar a área que cada titular representa.

VIII – Nas anteriores edições, e com base na primeira redacção dos números 1 e 2 do artigo 13.º, sempre defendemos que a AUGI seria só uma, mesmo que englobasse mais do que um prédio, tendo em vista salvaguardar os direitos dos comproprietários deslocados do prédio onde tinham os direitos inscritos para outro prédio da mesma AUGI, em virtude de, por vezes, uma grande parte da área de um prédio ficar afecta a zonas verdes ou de equipamentos colectivos. Nesta conformidade, havia necessidade de deslocar os quinhões de alguns comproprietários para outros prédios onde era possível diminuir as parcelas de outros comproprietários e incluir ali mais lotes do que as parcelas inicialmente concebidas e vendidas pelo loteador ilegal. Isto pela dificuldade levantada por algumas conservatórias do registo predial, quer no acto de registo do alvará de loteamento, quer na apresentação a registo individual dos lotes adjudicados no acto de divisão da coisa comum, porque não aceitavam a deslocação de direitos em termos de tornas em espécie. Hoje, depois de termos defendido acerrimamente o direito a tornas em espécie de uns prédios para outros, invocando o princípio da perequação, já obtivemos uma sentença judicial favorável. Assim, estamos mais seguros da aplicação do mencionado princípio da perequação e da norma excepcional prevista no n.º 1 do artigo 54.º, a qual permite às câmaras municipais autorizar o aumento do número de compartes em prédios rústicos, permitindo assim, por acordo entre a câmara, a administração conjunta e os comproprietários interessados, solucionar alguns problemas de atribuição e adjudicação de lotes em prédios onde, inicialmente, um ou outro comproprietário não tinha qualquer direito registado.

Em sintonia com esta posição, ver nota **VII-C** ao artigo 37.

Sobre o aumento da compropriedade e o número de compartes, ver art.º 54 e a sua nota **II**.

IX – Há situações em que, dentro da mesma AUGI, há parcelamentos em avos e em lotes, o que torna a avaliação do quórum mais complexa, mas possível de fazer, de acordo com as anotações anteriores.

Finalmente, vamos considerar a situação de uma AUGI constituída só por parcelas em avos (abrangendo um ou mais prédios) após a emissão do alvará de loteamento e divisão da coisa comum, em que haja necessidade de realizar novas assembleias, por exemplo para aprovar contas finais,. O cálculo de quórum será feito pelo total das áreas dos proprietários presentes (após a divisão da coisa comum e registo individual dos lotes deixaram de ser comproprietários) comparativamente com o total da área de todos os lotes da AUGI.

Artigo 14.º
Comissão de administração

1 – A comissão de administração é formada por número ímpar de três a sete membros, que elegem de entre si um presidente e um tesoureiro, e tem obrigatoriamente uma sede, a determinar na assembleia constitutiva.

2 – A comissão é eleita em assembleia convocada para o efeito.

3 – Compete especialmente ao presidente receber notificações, presidir à assembleia e representar a administração conjunta perante as entidades administrativas.

4 – Compete especialmente ao tesoureiro superintender nas contas de administração do processo de reconversão.

5 – A comissão delibera validamente por votação maioritária dos seus membros, bastando as assinaturas do presidente e do tesoureiro para obrigar a administração conjunta nos actos e contratos em que a mesma intervenha.

6 – Os membros da comissão são remunerados ou não, conforme deliberado em assembleia.

7 – Aos membros da comissão de administração é aplicável, com as necessárias adaptações, o disposto nos artigos 72.°, 78.° e 79.° do Código das Sociedades Comerciais.

8 – As comissões de administração eleitas nos termos da presente lei iniciam imediatamente a sua actividade, sem prejuízo da prestação de contas devida pela administração anterior.

NOTAS:

I – Pela 2.ª alteração (Lei n.° 64/2003, de 23/8) foi aditado o n.° 8.

II – Transcrevem-se os mencionados artigos do CSC:
Artigo 72
Responsabilidade de membros da administração para com a sociedade
1 – Os gerentes, administradores ou directores respondem para com a sociedade pelos danos a esta causados por actos ou omissões praticados com preterição dos deveres legais ou contratuais, salvo se provarem que procederam sem culpa.

2 – Não são responsáveis pelos danos resultantes de uma deliberação colegial ou gerentes, administradores ou directores que nela não tenham participado ou hajam votado vencidos, podendo neste caso fazer lavar no prazo de 5 dias a sua declaração de voto, quer no respectivo livro de actas, quer em escrito dirigido ao órgão de fiscalização, se o houver, quer perante notário.

3 – O gerente, administrador ou director que não tenha exercido o direito de oposição conferido por lei, quando estava em condições de o exercer, responde solidariamente pelos actos a que poderia ter-se oposto.

4 – A responsabilidade dos gerentes, administradores ou directores para com a sociedade não tem lugar quando o acto ou omissão assente em deliberação dos sócios, ainda que anulável.

5 – Nas sociedades que tenham órgão de fiscalização o parecer favorável ou o consentimento deste não exoneram de responsabilidade os membros da administração.

Artigo 78
Responsabilidade para com os credores sociais
1 – Os gerentes, administradores ou directores respondem para com os credores da sociedade quando, pela inobservância culposa das disposições legais ou contratuais destinadas à protecção destes, o património social se torne insuficiente para a satisfação dos respectivos créditos.

2 – sempre que a sociedade ou os sócios o não façam, os credores sociais podem exercer, nos termos dos artigos 606 a 609 do Código Civil, o direito de indemnização de que a sociedade seja titular.

3 – A obrigação de indemnização não é, relativamente aos credores, excluída pela renúncia ou transacção da sociedade nem pelo facto de o acto ou omissão assentar em deliberação da assembleia-geral.

4 – No caso de falência da sociedade, os direitos dos credores podem ser exercidos, durante o processo de falência, pela administração da massa falida.

5 – Ao direito de indemnização previsto neste artigo é aplicável o disposto nos n.ºs 2 a 5 do artigo 72, no artigo 73 e no n.º 1 do artigo 74 (do CSC).

Artigo 79
Responsabilidade para com os sócios e terceiros
1 – Os gerentes administradores ou directores respondem também, nos termos gerais, para com os sócios e terceiros pelos danos que directamente lhes causarem no exercício das suas funções.

2 – Aos direitos de indemnização previstos neste artigo é aplicável o disposto nos n.ºs 2 a 5 do artigo 72, no artigo 73 e no n.º 1 do artigo 74 (do CSC).

III – De acordo com o n.º 5, para outorgar a escritura pública de divisão da coisa comum, são suficientes as assinaturas do presidente e do tesoureiro da CA, muito embora a assembleia de administração conjunta tenha poderes para delegar este acto num só dos seus membros .

Sobre a composição da comissão de administração, através da 2.ª alteração (Lei n.º 64/2003, de 23/8), o n.º 5 do artigo 8.º admite que as funções da mesma possam ser atribuídas a um administrador único, por deliberação da assembleia constitutiva, desde que o número de interessados da AUGI seja igual ou inferior a 15. Ver nota **III** ao artigo 8.º.

Artigo 15.º
Competências da comissão de administração

1 – Compete à comissão de administração:
a) Praticar os actos necessários à tramitação do processo de reconversão em representação dos titulares dos prédios e donos das construções integrados na AUGI;
b) Celebrar os contratos necessários para a execução dos projectos e das obras de urbanização e fiscalizar o respectivo cumprimento;

c) Elaborar e submeter à assembleia de proprietários ou comproprietários os mapas e os respectivos métodos e fórmulas de cálculo e as datas para a entrega das comparticipações e cobrar as comparticipações, designadamente para as despesas do seu funcionamento, para execução dos projectos, acompanhamento técnico do processo e execução das obras de urbanização;

d) Elaborar e submeter à assembleia de proprietários ou comproprietários os orçamentos para execução das obras de urbanização, o relatório da administração conjunta e as contas anuais, intercalares, relativas a cada ano civil, e as contas finais;

e) Submeter os documentos a que se referem as alíneas do n.º 1 do artigo 16.º-B a parecer da comissão de fiscalização;

f) Constituir e movimentar contas bancárias;

g) Representar a administração conjunta em juízo;

h) Emitir declarações atestando o pagamento das comparticipações devidas pelos proprietários ou comproprietários para efeito de emissão da licença de construção, ou outros actos para os quais as mesmas se mostrem necessárias, nomeadamente para o efeito previsto no artigo 30.º-A;

i) Representar os titulares dos prédios integrados na AUGI perante os serviços de finanças e conservatórias do registo predial, para promover, designadamente, as necessárias rectificações e alterações ao teor da matriz e da descrição e o registo do alvará de loteamento, podendo fazer declarações complementares;

j) Representar os titulares dos prédios integrados na AUGI no acto notarial para os efeitos previstos no n.º 4 do artigo 38.º;

l) Dar cumprimento às deliberações da assembleia;

m) Prestar a colaboração solicitada pela câmara municipal, designadamente entregando documentos e facultando informações;

2 – As contas anuais, intercalares e finais, previstas na alínea d) do número anterior, devem ser elaboradas de acordo com o Plano Oficial de Contabilidade, com as necessárias adaptações, e subscritas também por um técnico oficial de contas, a designar pela comissão de administração.

3 – A aprovação das contas anuais, intercalares, cujo movimento do respectivo exercício exceda (euro) 50000 e a aprovação das contas finais da administração dependem da certificação prévia por revisor oficial de contas ou por uma sociedade de revisores, igualmente a designar pela comissão de administração.

NOTAS:

I – Pela 1.ª alteração (Lei n.º 165/99, de 14/9) foram acrescentadas duas alíneas, *j*) e *l*), foram modificados as al. *c*) e *g*), *do n.º 1*, e o número 2, que tinham a seguinte redacção:

c) *Celebrar os contratos necessários para a execução dos projectos e das obras de urbanização e fiscalizar o respectivo cumprimento;*

g) *Representar os titulares dos prédios integrados na AUGI perante a repartição de finanças e a conservatória do registo predial, para promover as necessárias rectificações ao teor da matriz e da descrição;*

2 – *Dos actos da comissão de administração cabe recurso do interessado para a assembleia.*

Pela 2.ª alteração (Lei n.º 64/2003, de 23/8) foram modificadas as al. b), e c), tendo as al. d), e) e f) anteriores passando a ser as al. f), g) e h); foi dada nova redacção à al. i), tendo sido alterada a al. h) que passou a j); as anteriores al. i) e j) passaram a al. l) e m); foi ainda alterado o n.º 2 e aditado o n.º 3. O texto anterior era o seguinte:

b) *Elaborar os mapas de comparticipação e cobrar as comparticipações, designadamente para as despesas do seu funcionamento, para execução dos projectos, acompanhamento técnico do processo e execução das obras de urbanização;*

c) *Elaborar e submeter à assembleia de proprietários ou comproprietários os orçamentos para execução das obras de urbanização, o relatório da administração conjunta e as contas anuais, intercalares, relativos a cada ano civil;*

i) *Dar cumprimento às deliberações da assembleia;*

h) *Representar os titulares dos prédios integrados na AUGI perante o cartório notarial, para os efeitos previstos no n.º 4 do artigo 38.º*

2 – *As contas anuais, intercalares, previstas na alínea c) do número anterior, devem ser elaboradas de acordo com o Plano Oficial de Contabilidade, com as necessárias adaptações.*

Pela 3.ª alteração (Lei n.º 10/2008, de 20/2) foram modificadas as al. g) e h) que tinham a seguinte redacção:

g) Pleitear em juízo, dispondo para tal de legitimidade activa e passiva nas acções emergentes das relações jurídicas em que seja parte;

h) Emitir declarações, atestando o pagamento das comparticipações devidas pelos proprietários e comproprietários, para efeito de emissão da licença de construção ou outros actos para os quais as mesmas se mostrem necessárias;

II – A redacção dada ao n.º 2 e a ponderação valorativa da certificação prévia por um ROC no n.º 3, são oportunas e racionais, que terão resultado de comentários feitos pelo autor em anotações ao artigo 16-A, em anteriores edições e, eventualmente, por mais alguém.

III – A alteração da al. g) foi feita em conformidade com as pequenas alterações feitas ao artigo 8.º. As alterações feitas na al. h), são de pequeno pormenor de pontuação, excepto a referência ao artigo 30-A referido na parte final, o qual também foi aditado com a supra mencionada 3.ª alteração.

IV – Ver anotações aos artigos 8.º (nota **IV**), 16.º-A, 26 (nota **II**) e 30.º-A.

Artigo 16.º
Destituição da comissão de administração

1 – A comissão de administração pode ser destituída por violação dos deveres gerais de administração e especiais decorrentes deste diploma, em assembleia expressamente convocada para o efeito.

2 – A destituição carece de aprovação da maioria absoluta do total de votos da assembleia, calculado nos termos do artigo 13.º e sob condição de no acto ser eleita nova comissão.

NOTAS:

I – Sobre maiorias, ver notas ao artigo 13. A obrigatoriedade de eleição de nova comissão tem em vista não deixar criar situações de vazio de poderes na AUGI, tem o mesmo significado da tão falada moção de censura construtiva na Assembleia da República, relativamente ao governo.

Sobre a hipótese de destituição do administrador único, ver nota **III** ao artigo 8.º.

Sobre a maioria absoluta do total de votos da assembleia, ver notas **IV a VII** ao artigo 13.º.

Artigo 16.º-A
Comissão de fiscalização

1 – A comissão de fiscalização integra três representantes dos proprietários ou comproprietários, um dos quais será o presidente.

2 – O mandato da comissão de fiscalização é anual.

3 – A assembleia de proprietários ou comproprietários pode destituir a comissão de fiscalização por violação dos deveres gerais de acompanhamento e fiscalização e especiais decorrentes desta lei, designadamente a falta de emissão, no prazo legal, dos pareceres que lhe sejam solicitados.

NOTAS:

I – Este artigo foi aditado pela 1.ª alteração (Lei n.º 165/99, de 14/9).

Pela 2.ª alteração (Lei n.º 64/2003, de 23/8) foi modificado o n.º 1, que tinha a seguinte redacção:

1 – A comissão de fiscalização integra:

a) Três representantes dos proprietários ou comproprietários, um dos quais será o presidente;

b) Um revisor oficial de contas, ou uma sociedade de revisores, eleito em assembleia de proprietários ou comproprietários, mediante proposta da comissão de administração.

II – Em anotação a este artigo escrevemos então:

"<u>A obrigatoriedade de um ROC – Revisor Oficial de Contas – na comissão de fiscalização, embora útil e com a finalidade de dar credibilidade às contas, vem trazer encargos adicionais às AUGI.</u>

<u>Esta obrigatoriedade de um ROC na comissão de fiscalização, deveria estar sujeita a uma ponderação quantitativa, como a que existe para as sociedades comerciais e para as cooperativas.</u>"

<u>No caso das sociedades comerciais, determina o n.º 2 do artigo 262:</u>

2 – As sociedades que não tiverem conselho fiscal devem designar um revisor oficial de contas para proceder à revisão legal desde que, durante dois anos consecutivos, sejam ultrapassados dois dos três seguintes limites:
a) Total do balanço: 1.500.000 euros;
b) Total das vendas líquidas e outros proveitos: 3.000.000 euros;
c) Número de trabalhadores empregados em média durante o exercício: 50.
Como o valor do euro ronda os 200$00, o total do balanço deverá ser de 300.000.000$00, e o total de vendas líquidas de 600.000.000$00.
Para as cooperativas, determina o Dec. Lei n.º 335/99, de 20 de Agosto:
Artigo 11
Ficam obrigadas à certificação legal de contas as cooperativas que, durante dois anos consecutivos, ultrapassem dois dos três limites fixados em mapa anexo, que é parte integrante do presente diploma.
Mapa a que se refere o artigo 11
Total do balanço – 350.000 contos;
Total das vendas líquidas e outros proveitos – 600.000 contos;
Número de trabalhadores empregados, em média, durante o exercício – 50.
Na verdade, parece exagerado obrigar a existência de um ROC numa comissão de fiscalização de uma AUGI que movimente uns escassos milhares de contos anualmente, como é o caso da maioria delas. Pensamos que esta questão deverá ser alterada pela AR – Assembleia da República.

III – Como se verifica, pela redacção dada aos n.ºs 2 e 3 do artigo anterior e ao actual n.º 1 deste, o legislador terá reflectido melhor sobre a razoabilidade dos nossos comentários.

Artigo 16.º-B
Competências da comissão de fiscalização

1 – Compete à comissão de fiscalização:
a) Emitir parecer sobre os orçamentos apresentados pela comissão de administração para a execução das obras de urbanização;
b) Emitir parecer sobre o relatório e as contas anuais, intercalares, da administração conjunta;
c) Emitir parecer sobre o relatório e as contas finais da administração conjunta;

d) Emitir parecer sobre os mapas e os respectivos métodos e fórmulas de cálculo e as datas para a entrega das comparticipações pelos proprietários ou comproprietários;

e) Pronunciar-se sobre outras matérias, a solicitação da comissão de administração ou da assembleia de proprietários ou comproprietários.

2 – Os pareceres referidos no número anterior são aprovados por maioria dos membros presentes, dispondo o presidente de voto de qualidade.

3 – A comissão de fiscalização emite os pareceres referidos no n.º 1 no prazo de 30 dias a contar da solicitação dos mesmos, entendendo-se a omissão como parecer favorável.

NOTAS:

I – Este artigo foi aditado pela 1.ª alteração (Lei n.º 165/99, de 14/9).

Pela 2.ª alteração (Lei n.º 64/2003, de 23/8) foi aditado o texto da al. d), tendo a anterior al. d) passado a e), sendo modificado também o n.º 3, que tinha a seguinte redacção:
3 – A comissão de fiscalização emite os pareceres referidos nas alíneas a), b) e c) do n.º 1 no prazo de 30 dias a contar da solicitação dos mesmos.

II – Os poderes da comissão de fiscalização são os habituais para as sociedades comerciais.

Artigo 16.º-C
Gestão financeira da AUGI

1 – As comparticipações nos encargos da reconversão são consideradas provisões ou adiantamentos até à aprovação das contas finais da administração conjunta.

2 – As comparticipações mencionadas no número anterior vencem juros à taxa legal a contar da data para a respectiva entrega, fixada nos mapas referidos na alínea *f)* do n.º 2 do artigo 10.º, mas nunca antes de decorridos 30 dias sobre a publicação, nos termos do n.º 5 do artigo 12.º, da deliberação que os aprovou.

3 – São igualmente devidas pelo interessado as quantias necessárias ao ressarcimento dos danos a que a sua mora deu causa, não cobertos pelos juros referidos no número anterior.

4 – Não é permitida a estipulação de cláusulas penais relativas ao incumprimento das obrigações de comparticipação nas despesas de reconversão fixadas na presente lei.

5 – O montante dos juros cobrados é aplicado no processo de reconversão, revertendo, nas contas finais da administração conjunta, em benefício de todos os interessados.

6 – Na penhora de quota indivisa para cobrança de comparticipação nas despesas de reconversão, a notificação prevista no n.º 1 do artigo 862.º do Código do Processo Civil é efectuada por afixação de editais na propriedade e na sede da junta ou juntas de freguesia e pela publicação de anúncios nos termos do disposto no n.º 3 do artigo 248.º do mesmo diploma, constando, como identificação dos notificandos, a menção «Os comproprietários do prédio» a que a quota indivisa respeita.

7 – A comissão de administração deve ter disponível na respectiva sede a documentação da administração conjunta da AUGI para consulta dos interessados, em horário a fixar.

8 – A comissão de administração remete à câmara municipal e ao serviço de finanças da localização da AUGI as contas anuais, intercalares e finais da administração conjunta.

NOTAS:

I – Este artigo foi aditado pela 1.ª alteração (Lei n.º 165/99, de 14/9).

Pela 2.ª alteração (Lei n.º 64/2003, de 23/8) foi aditado o texto do n.º 6 tendo o anterior n.º 6 passado a n.º 7 e este a n.º 8, inserindo-se neste a obrigação de enviar sempre as contas anuais à câmara municipal, mesmo que esta tenha participado na assembleia que as aprovou, alargando também essa obrigação de envio aos serviços de finanças, tendo sido eliminado o anterior n.º 8 que tinha a seguinte redacção:

8 – As comissões de administração eleitas nos termos da presente lei iniciam imediatamente a sua actividade, sem prejuízo da prestação de contas devida pela administração anterior.

II – A inserção deste artigo é de extraordinária oportunidade. Vejamos:

a) O n.º 2 vem impedir a prática de alguns abusos, designadamente o estabelecimento de juros superiores à taxa legal, pois existiam algumas comissões de administração de AUGI a cobrar juros a 2 ou a 3% ao mês, provavelmente por deliberações tomadas à data em que a taxa de juro legal chegou a ser mais elevada.. Efectivamente a taxa de juros legais, de acordo com as diversas Portarias publicadas em conformidade com o artigo 559 do Código Civil, tem sido: de 23% – de 18/5/83 a 24/487; de 15 % – de 25/4/87 a 25/9/95; de 10% – de 26/9/95 a 12/4/99; 7% – de 13/4/99 a 30/4/2003; 4% – depois de 1/5/2003;. O que não parece muito correcto é a determinação de que os juros à taxa legal se apliquem depois de 30 dias a contar da data para a respectiva entrega, fixada nos mapas referidos na al. f) do n.º 2 do artigo. Efectivamente, grandes partes das despesas com as obras de infra-estruturas, em muitas AUGI, foram efectuadas desde o início da década de 1980.

b) Assim sendo, há que recorrer ao comando do n.º 3, cobrando dos comproprietários em dívida os danos a que a sua mora deu causa, o que implica outro tipo de cálculos. Teria sido preferível atender à nossa sugestão, em fase de revisão da Lei 91/95, para que se excepcionasse, não aplicando a regra de prescrição de juros estatuída na al. d) do artigo 310 do Código Civil, podendo antes aplicar-se as taxas de juro legais desde o início da dívida, que enunciei na alínea anterior. É que os comproprietários que não pagaram as suas comparticipações, têm provocado danos aos restantes comproprietários que pagaram a tempo e horas, na medida em que foram estes que suportaram, para além do que lhes seria exigível, todos os custos com a AUGI, proporcionando a construção de infra-estruturas que a todos beneficiou, nomeadamente aos que construíram e habitam no bairro.

III – O mecanismo do n.º 3 supra mencionado, veio apenas tornar mais visíveis os comandos legais já existentes nos artigos 798, 804 e 805 do Código Civil.

IV – Este artigo deve ser objecto de uma interpretação extensiva, para que todos os encargos da reconversão possam ser cobrados pelas comissões de administração. O alcance da medida deve aplicar-se também aos encargos suportados antes da vigência da lei 91/95, visto que existem AUGI que têm vindo a promover a sua reconversão desde o início da década de oitenta, anteriormente através de associações de moradores, de proprietários/comproprietários, tendo realizado despesas avultadas em projectos de urbanização e obras de infra-estruturas, a que nem todos os titulares aderiram voluntariamente, pelo que agora há que cobrar a quota-parte aos faltosos, nem que seja por forma coerciva pois, de outro modo, seriam premiados aqueles que nunca colaboraram. Assim, as deliberações das assembleias das associações que lideraram os processos antes da vigência da actual lei devem vincular do mesmo modo os faltosos.

V – Sobre os números 2 e 3, ver o artigo 3.º da Lei 165/99, de 14/9, no final deste volume.

Artigo 17.º
Cessação da administração conjunta

1 – A administração conjunta dos prédios integrados na AUGI só se extingue após a recepção definitiva das obras de urbanização pela câmara municipal e a aprovação das contas finais da administração.

2 – A acta da assembleia que aprove as contas finais da administração conjunta consigna qual a entidade responsável pela guarda da documentação da AUGI por um período de cinco anos.

NOTAS:

I – Pela 2.ª alteração (Lei n.º 64/2003, de 23/8) foi aditado o n.º 2, tendo o anterior corpo do artigo passado a n.º 1.

II – O comando do n.º 2 tem paralelo na legislação do sector cooperativo.

III – Antes da recepção definitiva das obras, a administração conjunta não se extingue. Contudo, situações existem em que as câmaras municipais retardam a recepção definitiva das ditas obras, o que leva as comissões de administração a desinteressarem-se pela gestão das infra-estruturas das suas AUGI, as quais entram em degradação acelerada.

Sobre a recepção definitiva, ver nota V ao artigo 27.

CAPÍTULO IV
Do processo de reconversão

SECÇÃO I
Reconversão por iniciativa dos particulares

Artigo 17.º-A
Informação prévia

1 – Em alternativa ao disposto nos artigos 14.º e seguintes do Decreto-Lei n.º 555/99, de 16 de Dezembro, com a redacção dada pela Lei n.º 60/2007, de 4 de Setembro, a comissão de administração pode optar por requerer informação prévia sobre o projecto de reconversão, apresentando, para tanto, os elementos constantes das alíneas a) a e) do n.º 1 do artigo 18.º e a acta da reunião da assembleia com as deliberações previstas nas alíneas a) e b) do n.º 2 do artigo 10.º

2 – Na falta de qualquer dos elementos referidos no n.º 1 será rejeitado o pedido pelo presidente da câmara municipal ou vereador com competências subdelegadas para o urbanismo.

3 – A câmara municipal solicita os pareceres às entidades que devam pronunciar-se por força de servidão administrativa ou restrição de utilidade pública, aplicando-se o regime previsto no artigo 20.º

4 – No prazo de 30 dias a contar da recepção do pedido ou da recepção dos pareceres das entidades consultadas a câmara municipal delibera sobre o pedido de informação prévia.

5 – O pedido de informação prévia pode ser indeferido com os fundamentos previstos no n.º 2 do artigo 24.º, devendo a proposta de indeferimento apresentar solução que permita o deferimento da pretensão, a qual terá de ser assumida no projecto de reconversão subsequente.

NOTAS:

I – Este artigo foi aditado pela 1.ª alteração (Lei n.º 165/99, de 14/9).

Pela 2.ª alteração (Lei n.º 64/2003, de 23/8), foram modificados os n.º 1 e 3 que tinham a seguinte redacção:

1 – A comissão de administração poderá optar por requerer informação prévia sobre o projecto de reconversão, apresentando, para tanto, os elementos constantes das alíneas a) a e) do n.º 1 do artigo 18.º e a acta da reunião da assembleia com as deliberações previstas nas alíneas a) e b) do n.º 2 do artigo 10.º

3 – A câmara municipal solicitará os pareceres às entidades que devam pronunciar-se por força da servidão administrativa ou restrição de utilidade pública, aplicando-se o regime previsto no artigo 20.º

Pela 3.ª alteração (Lei n.º 10/2008, de 20/2) foi modificado o texto do n.º 1, substituindo a referência ao D.L. n.º 177/2001, de 4/6, pela referência à Lei 60/2007, que foi a última alteração ao D.L. n.º 555/99.

II – A figura da informação prévia, vem simplificar procedimentos, concedendo poderes à comissão de administração que, no mencionado artigo 14 do RJUE, apenas estão na disponibilidade dos particulares. Com este mecanismo é possível saber com alguma precisão diversas condições de reconversão da AUGI, antes de serem feitas avultadas despesas com projectos que podem ficar sujeitos a grandes e dispendiosas alterações.

Digna de especial realce é o preceito do n.º 5 que determina a obrigatoriedade de a proposta de indeferimento apresentar solução que permita o deferimento futuro da pretensão. Semelhante facilidade está prevista no n.º 5 do artigo 20.º.

Artigo 18.º
Pedido de loteamento

1 – O pedido de loteamento é apresentado na câmara municipal e é instruído com os seguintes elementos:

a) Certidão do registo predial referente ao prédio ou prédios abrangidos;

b) Memória descritiva e justificativa, que, em especial, deve fundamentar, se for o caso, a aplicação do regime especial previsto no artigo 6.º do presente diploma e indicar quais as construções a manter e a demolir e as soluções previstas para a realização das expectativas dos interessados;

d) Planta que evidencie a realidade actual da AUGI e, nomeadamente, a repartição do solo emergente do loteamento de génese ilegal, com a indicação concreta da implantação, da área de construção, o número de pisos, as cérceas e as cotas de soleira das construções existentes, identificando ainda as construções que não cumpram os requisitos das várias disposições legais aplicáveis ao exterior das edificações, com indicação das construções a demolir e ou a alterar em face da proposta de reconversão;

e) Planta síntese do loteamento pretendido;

f) Listagem dos possuidores de cada uma das parcelas em que se subdividiu o loteamento ilegal, reportada à planta referida na alínea *d)* e à certidão registral;

g) Fotocópia certificada das actas das reuniões da assembleia onde tenham sido tomadas as deliberações previstas nas alíneas a), b) e d) do n.º 2 do artigo 10.º

2 – Após a aprovação do loteamento, são apresentados na câmara municipal os seguintes elementos:

a) Projectos das redes viária, de electricidade, de águas, de esgotos e de arranjos de espaços exteriores, bem como o faseamento da sua execução;

b) Orçamento das obras de urbanização e de outras operações previstas e o mapa contendo o valor absoluto e a quota de comparticipação de cada lote nos custos de execução das obras e da caução legal, nos termos do n.º 3 do artigo 26.º

3 – A câmara municipal pode dispensar a apresentação dos elementos referidos na alínea *a)* do número anterior, desde que seja reconhecido pelas entidades gestoras das redes que as mesmas já existem e estão em condições de funcionamento.

NOTAS:

I – Pela 1.ª alteração (Lei n.º 165/99, de 14/9) foram modificadas as al. *d)* e *g)* e eliminadas as al. *h)* e *i)* do n.º 1 e foram alterados os números 2 e 3 que tinham a seguinte redacção:

d) Planta que evidencie a realidade actual da AUGI e, nomeadamente, a repartição do solo emergente do loteamento de génese ilegal, com a indicação concreta da implantação, da área de construção e do número de pisos ou cérceas das construções existentes, identificando as que não cumprem o estudo de loteamento e os requisitos do Regulamento Geral das Edificações Urbanas ou de outras disposições legais aplicáveis;

g) Projectos das redes viária, de electricidade, águas, esgotos e de arranjos de espaços exteriores, bem como o faseamento da sua execução;

h) Orçamentos das obras de urbanização e de outras operações previstas;

i) Certidão das actas das reuniões da assembleia onde tenham sido tomadas as deliberações previstas nas alíneas a), b), c) e f) do n.º 2 do artigo 10.º

2 – A câmara municipal pode dispensar a apresentação dos elementos referidos na alínea g) do número anterior, desde que seja reconhecido pelas entidades gestoras das redes que as mesmas já existem e estão em condições de funcionamento.

3 – É sempre dispensada a apresentação de estudo de impacte ambiental.

Pela 2.ª alteração (Lei n.º 64/2003, de 23/8), foi dada outra redacção às al. g) do n.º 1 e b) do n.º 2, que tinham a seguinte redacção:

g) Pública-forma das actas das reuniões da assembleia onde tenham sido tomadas as deliberações previstas nas alíneas a), b) e c) do n.º 2 do artigo 10.º

b) Orçamento das obras de urbanização e de outras operações previstas, bem como a quota de comparticipação de cada lote nos custos de execução das obras e da caução legal, nos termos do n.º 3 do artigo 26.º

II – Deixou de ser obrigatório juntar certidão da acta da reunião da assembleia que aprovou as contas antes previstas na al. f) do n.º 2 do artigo 10, uma vez que a apreciação pela comissão de fiscalização dá suficientes garantias de observância das regras de honestidade e de legalidade.

III – O disposto na al. f) do n.º 1 deverá ser conjugado com o n.º 2 do artigo 9.º. Na verdade, a redacção dada a esta alínea impõe que a listagem de possuidores esteja em conformidade com a certidão registral, o que pressupõe que a listagem dos possuidores não deve integrar os donos das construções erigidas nem os promitentes-compradores de parcelas desde que tenha havido tradição. Deste modo, na dita listagem, deverão ser assinaladas as situações em que existam possuidores em substituição dos titulares inscritos.

A – O alvará de loteamento só pode ser emitido em nome dos comproprietários com inscrição válida no registo predial do prédio em causa, com prejuízo daqueles que têm direito de participar nas assembleias. Os possuidores que participam nas assembleias com prejuízo dos titulares inscritos, têm plenos poderes para influenciar e decidir sobre a marcha do processo, acautelando os seus interesses, mas o alvará tem que ser emitido a favor dos titulares inscritos, o que implica que os ditos possuidores terão necessidade de promover a aquisição do seu direito a partir do prédio mãe, fazendo observar o princípio do trato sucessivo, nos termos conjugados do Crp e do Código Civil, nomeadamente através das regras da usucapião ou da acessão, o que parece mais fácil depois do registo do alvará de loteamento, devido à proibição de venda de parcelas de prédios rústicos em lotes e em avos.

Ver notas **III e IV** ao art.º 2.º , nota **V** ao artigo 30 e nota **II** ao artigo 54.

B – Outro pormenor que importa realçar: a aquisição de uma parcela em avos indivisos, ou de um lote destacado de um prédio rústico, quer por escritura pública quer por usucapião, não confere a qualquer delas, parcela ou lote, a natureza de lote de terreno **urbano para construção**, visto que este requisito para construção só é alcançado com a aprovação do projecto de loteamento pelo município respectivo e pela subsequente emissão do alvará de loteamento. São duas coisas diferentes: por escritura pública (mesmo em caso de usucapião) adquire-se o direito de propriedade de acordo com a natureza do terreno, se o prédio era rústico o direito sobre a parcela ou sobre o lote destacado será sempre de natureza rústica; não se adquire a natureza de **lote urbano** para construção sem que o loteamento esteja aprovado e registado. Sobre a natureza de um lote de terreno adquirido por usucapião onde foi implantado um prédio urbano sem que houvesse loteamento aprovado, ainda na vigência do D.L. n.º 46.673, veja-se o acórdão do Tribunal da Relação do Porto, de 16/1/96 – in CJ – Ano XXI, 1996, Tomo I, pág. 198 – onde se conclui, em síntese (não a propósito de AUGI), *"que a aquisição por usucapião de um lote de terreno rústico sobre o qual foi implantado um prédio urbano é válida, faltando apenas averbar no registo do prédio a operação de loteamento e, depois deste averbamento, outro averbamento da construção da casa"*, o que bem demonstra que o lote de terreno só passará a ter a natureza de urbano depois da operação de loteamento. Fazemos questão em tratar este assunto até à exaustão devido à sua complexidade e às dúvidas com que diariamente as comissões de administração de AUGI são confrontadas.

C – Nestes termos, as pessoas que já conseguiram registar o seu direito de propriedade em relação a um lote juridicamente destacado mas de natureza rústica, continuam vinculadas ao dever de comparticipação nas despesas de reconversão da AUGI referido no n.º 3 do artigo 3.º e no artigo 26, visto que só o averbamento da autorização de loteamento confere a natureza de urbano ao lote rústico já registado. A obrigatoriedade de comparticipar nada tem a ver com eventuais dificuldades de natureza social dos comproprietários, isso poderá ser uma questão a tratar no âmbito do artigo 56.

IV – O pedido de loteamento deve ser conformado também com o disposto no artigo 46 deste diploma legal.

Artigo 19.º
Apreciação liminar

A câmara municipal pode, em sede de apreciação liminar, por uma só vez e no prazo de 30 dias a contar da recepção do pedido de loteamento ou do pedido de aprovação dos projectos de obras de urbanização, solicitar outras informações ou elementos imprescindíveis ao conhecimento da pretensão.

NOTAS:

I – Pela 1.ª alteração (Lei n.º 165/99, de 14/9) foi alterado o texto deste artigo que tinha a seguinte redacção:

A câmara municipal pode, em sede de apreciação liminar, por uma só vez e no prazo de 30 dias a contar da data da recepção do pedido, solicitar outras informações ou elementos imprescindíveis ao conhecimento da pretensão.

II – O legislador pretende que estes procedimentos sejam tratados de forma célere, não permitindo que sejam utilizados expedientes de atrasar os processos. Mais se acrescenta que, no âmbito do RJUE, o saneamento e apreciação liminar de pedido está definido no seu artigo 11.º, sendo a competência do presidente da câmara municipal, o qual pode delegar.

Artigo 20.º
Consultas

1 – Admitida liminarmente a pretensão, a câmara municipal promove, no prazo de 10 dias, a consulta às entidades que, nos termos da legislação em vigor, devam emitir parecer, autorização ou aprovação para o licenciamento da operação de loteamento ou de obras de urbanização.

2 – Durante o período de validade da deliberação que incidiu sobre o pedido de informação prévia, não é necessário consultar as entidades

que nesse âmbito se tenham pronunciado, desde que o projecto com ela se conforme.

3 – As entidades consultadas emitem parecer no prazo de 30 dias contados da data de envio da solicitação.

4 – A falta de parecer no prazo fixado no número anterior equivale à emissão de parecer favorável.

5 – Os pareceres total ou parcialmente desfavoráveis devem ser fundamentados e são acompanhados de uma solução que permita o deferimento da pretensão.

6 – As entidades consultadas remetem os respectivos pareceres simultaneamente à câmara municipal e à comissão de administração da AUGI.

NOTAS:

I – Pela 1.ª alteração (Lei n.º 165/99, de 14/9) os números 2, 4 e 5, passaram a 3, 5 e 6, respectivamente, e foram modificados os números 1 e 3 que tinham a seguinte redacção:

1 – Admitida liminarmente a pretensão, a câmara municipal recolhe de imediato e simultaneamente o parecer das entidades gestoras das redes de infra-estruturas e das entidades que devam pronunciar-se por força de servidão administrativa ou restrição de utilidade pública.

3 – A falta de parecer no prazo fixado no número anterior vale como deferimento.

II – A falta de parecer deixa de ser equivalente ao deferimento, passa a valer como parecer favorável. É um preciosismo, porque a aprovação era e é sempre da câmara. Muitas vezes as entidades não se pronunciavam, por qualquer razão, e a câmara ficava bloqueada sem tomar qualquer decisão. Com esta redacção as coisas ficam mais claras.

A consulta a entidades externas está agora centralizada nas CCDR territorialmente competentes, conforme determina o artigo 13-A do RJUE, com as alterações introduzidos pela Lei n.º 60/2007, de 4/9, o que vem facilitar e agilizar este tipo de consultas.

III – O dever de fundamentar por parte da administração está plasmado no artigo 124.º do CPA, para os actos que, "*total ou parcialmente, neguem, extingam* *restrinjam ou afectem por qualquer modo direitos ou interesses legalmente protegidos, ou imponham ou agravem deveres, encargos ou sanções;"*

Note-se no preciosismo da parte final do n.º 5: com efeito, para além impor o dever de fundamentação, o legislador vai mais longe, determinando que a administração faça acompanhar os pareceres desfavoráveis de *"uma solução que permita o deferimento da pretensão."*

Pena é que nem todas as repartições públicas que têm que lidar com a problemática das AUGI sigam um critério de conduta semelhante.

Semelhante preceito facilitador está contido no n.º 5 do artigo 17.º-A.

Veja-se um caso concreto sobre registo predial, em nota **III** ao artigo 39.º. Ver também notas ao artigo 39.º.

Artigo 21.º
Rectificações e alterações

1 – As rectificações e alterações efectuadas em conformidade com os pareceres referidos no n.º 5 do artigo anterior não carecem de nova consulta.

2 – As rectificações e alterações efectuadas integram-se no processo em apreciação.

NOTAS:

I – O texto deste artigo está em consonância com a parte final do n.º 5 do artigo anterior. Se a entidade da administração consultada já apontou uma solução e se a rectificação ou alteração estiver em conformidade com a solução apresentada, não faz qualquer sentido promover uma nova consulta, senão estaríamos num círculo vicioso, como a tal figura da "*pescadinha de rabo na boca*". O legislador preconiza soluções rápidas e eficazes para a reconversão das AUGI.

Artigo 22.º
Vistoria

1 – No prazo de 40 dias a contar da recepção do pedido, prorrogável por igual período por deliberação fundamentada, a câmara municipal pode proceder à realização de vistoria com a finalidade de verificar

a conformidade da planta referida na alínea *d*) do n.º 1 do artigo 18.º com a realidade existente na AUGI.

2 – Realizada a vistoria, lavrar-se-á auto onde constem circunstanciadamente as situações de desconformidade constatadas e o estado de execução das infra-estruturas.

3 – A vistoria é realizada por uma comissão especial designada pela câmara municipal.

4 – Na vistoria deve estar presente o presidente da comissão de administração da AUGI.

NOTAS:

I – Pela 1.ª alteração (Lei n.º 165/99, de 14/9) foi modificado o número 1 que tinha a seguinte redacção:

1 – No prazo de 180 dias a contar da recepção do pedido, prorrogável por igual período por deliberação fundamentada, a câmara municipal procede obrigatoriamente à realização de vistoria com a finalidade de verificar:

a) A conformidade da planta referida na alínea d) do n.º 1 do artigo 18.º com a realidade existente na AUGI;

b) A situação de facto relevante que habilite a câmara municipal a deliberar sobre a manutenção, alteração ou demolição das construções existentes;

c) A existência dos requisitos definidos para a divisão por acordo de uso;

II – O n.º 1 contém uma alteração significativa, o prazo de vistoria passou de 180 para 40 dias.

III – Após o levantamento topográfico da AUGI que precede a realização da vistoria, a comissão de administração deverá fazer um grande esforço de sensibilização de todos os comproprietários para não fazerem quaisquer obras que alterem o levantamento topográfico realizado, sob pena de a comissão de vistoria apontar a desconformidade existente com a planta em questão, o que levará a câmara a não aprovar o projecto de loteamento, implicando um novo levantamento topográfico e alterações àquela planta, que significará mais despesas e mais tempo de espera.

Para além da presença do presidente da comissão de administração, que é obrigatória e não uma faculdade, será de toda a conveniência que os técnicos da administração conjunta, autores e responsáveis pela elaboração das peças que serviram de suporte ao projecto de reconversão da AUGI, acompanhem a comissão de vistoria. Quer para esclarecer e justificar situações verificadas no terreno quer para anotarem as desconformidades que irão ser levadas como ónus a inscrever na descrição predial com o registo do alvará de loteamento. A anotação a lavrar na descrição predial é, mais uma vez, uma forma de publicitar os ónus que incidem sobre o prédio, que visa cautelar o comércio jurídico de imóveis.

IV – Só após a vistoria se contam os prazos para a recepção provisória e definitiva das obras de urbanização da AUGI, prevista no n.º 7 do artigo 27.º. Vide nota IV ao artigo 27.º.

Artigo 23.º
Construções posteriores à deliberação de reconversão

1 – O dono de construção ou obra vistoriada que não se encontre em conformidade com a planta referida na alínea *d)* do n.º 1 do artigo 18.º é notificado para proceder à reposição da situação anterior no prazo de 30 dias.

2 – A notificação e execução da deliberação segue o regime previsto no Decreto-Lei n.º 555/99, de 16 de Dezembro, com a redacção que lhe foi dada pela Lei n.º Lei 60/2007, de 4 de Setembro.

3 – A reposição só não tem lugar se o interessado provar em audiência prévia que a construção ou obra é anterior à data da assembleia da AUGI que deliberou promover a reconversão.

NOTAS:

I – Pela 2.ª alteração (Lei n.º 64/2003, de 23/8), foi dada outra redacção ao n.º 2, de acordo com a nova legislação aplicável.

Pela 3.ª alteração (Lei n.º 10/2008, de 20/2) foi modificado o texto do n.º 2, substituindo a referência ao D.L. n.º 177/2001, de 4/6, pela referência à Lei 60/2007, que fez a última alteração ao D.L. n.º 555/99.

II – O estipulado no n.º 1 tem paralelo com as medidas de tutela da legalidade urbanística previstas no artigo 102.º e seguintes do RJUE, em especial no artigo 105.º que define os trabalhos de correcção ou alteração que o presidente da câmara municipal pode determinar, sendo que na situação concreta deverão enquadrar-se com a planta referida na al. d) do n.º 1 do artigo 18.º, isto tendo em vista eventuais abusos cometidos por algum dos comproprietários após a apresentação do pedido de loteamento.

A notificação será efectuada nos termos do artigo 121 do RJUE, que determina: *"Todas as notificações e comunicações referidas neste diploma e dirigidas aos requerentes devem ser efectuadas através de correio electrónico ou de outro meio de transmissão electrónica de dados, salvo quando esta não for possível ou se mostrar inadequada"*.

Sempre que esta forma de notificação se mostrar inadequada, deverá seguir-se as regras de notificação estipuladas no artigo 70 do CPA, onde se dá prioridade à notificação por via postal, sendo mais segura a carta registada.

A audiência prévia prevista no n.º 3 está regulada no artigo 100.º e seguintes do CPA.

Artigo 24.º
**Deliberação sobre o pedido de licenciamento
da operação de loteamento**

1 – Decorrido o prazo para a realização da vistoria, a câmara municipal delibera sobre o pedido de loteamento no prazo de 60 dias.

2 – A câmara municipal só pode indeferir a pretensão nos casos seguintes:

a) Desrespeito pelas prescrições da presente lei;

b) Desconformidade do pedido com o PMOT em vigor;

c) Desconformidade com a delimitação da AUGI.

3 – A deliberação incorpora ainda a identificação:

a) Das construções a demolir e a alterar e o respectivo prazo, o qual não pode ser inferior a três anos;

b) De outras condicionantes que impendem sobre o lote ou a construção que ficam sujeitas a registo;

c) Das soluções previstas para a realização das expectativas dos interessados.

4 – A moratória fixada na alínea *a*) do número anterior não é aplicável aos casos em que a câmara municipal fundamentadamente reconheça a necessidade de demolição urgente.

5 – A falta de deliberação dentro do prazo fixado no n.º 1 é considerada para todos os efeitos como deferimento, considerando-se fixado em três anos o prazo máximo de manutenção temporária a que se refere o n.º 3.

6 – A deliberação prevista no n.º 1 é precedida de proposta dos serviços, que, quando desfavorável, estará disponível no 30.º dia, devidamente fundamentada, para a comissão de administração sobre ela se pronunciar em 15 dias, com parecer da equipa técnica que elaborou o estudo de reconversão.

NOTAS:

I – Pela 1.ª alteração (Lei n.º 165/99, de 14/9) foi modificado este artigo que tinha a seguinte redacção:
Artigo 24
Autorização provisória de obras
Após a realização da vistoria, a câmara municipal pode, mediante deliberação, autorizar o início das obras de urbanização, de acordo com os projectos que hajam merecido parecer favorável das entidades consultadas nos termos do artigo 20.º

II – A estipulação de prazos em todo o articulado vem colmatar algumas lacunas que não eram nada favoráveis à marcha dos processos de reconversão de AUGI. No caso previsto no n.º 1, ou seja a obrigação de deliberar no prazo de 60 dias após o decurso do prazo para a realização da vistoria, sempre que tal não se verifique estamos perante uma situação de silêncio da administração, previsto no artigo 111.º do RJUE, que leva ao deferimento tácito estabelecido e melhor desenvolvido no artigo 113.º também do RJUE. Mais se acrescenta que o deferimento tácito é uma das garantias das particulares reguladas naquele diploma. Se a administração não quiser reconhecer o mencionado deferimento tácito, poderá a comissão de administração "*pedir ao tribunal administrativo de círculo da área da sede da autoridade requerida a intimação da autoridade competente para proceder à prática do acto que se mostre devido*", conforme estipula o artigo 112 do RJUE.

III – As construções a demolir, referidas na al. a) do n.º 3, constituem também um ónus a inscrever na descrição predial com o registo do alvará de loteamento, conforme nota **III** ao artigo 22.º.
Sobre a al. a) do n.º 3, ver ainda nota **VIII** ao artigo 30.

IV – Sobre o dever de fundamentar, ver nota **III** ao artigo 20.º.

V – Algumas disposições do anterior artigo 26 passaram para este artigo.

Artigo 25.º
Deliberação sobre o pedido de licenciamento de obras de urbanização

1 – Admitido liminarmente o pedido de licenciamento de obras de urbanização, a câmara municipal recolhe, nos termos previstos no artigo 20.º, o parecer das entidades gestoras das redes de infra-estruturas.

2 – A câmara municipal delibera sobre o pedido no prazo de 45 dias a contar da data da recepção dos pareceres emitidos pelas entidades consultadas ou do termo do prazo estabelecido para a recepção dos mesmos.

3 – A câmara municipal só pode indeferir o pedido de aprovação dos projectos das obras de urbanização quando:

a) Não se conformem com a operação de loteamento aprovado;

b) Os projectos das obras de urbanização desrespeitarem disposições legais ou regulamentares;

c) Houver manifesta deficiência técnica dos projectos.

4 – A deliberação prevista no n.º 2 é precedida da proposta dos serviços que, quando desfavorável, a fundamentam, para a comissão de administração sobre ela se pronunciar, em 15 dias, com parecer da equipa técnica que elaborou o projecto de reconversão.

5 – Caso o pedido de licenciamento de obras seja efectuado em simultâneo com o pedido de loteamento, o prazo fixado no n.º 2 conta-se a partir da data em que tenha sido comunicada à comissão de administração a aprovação da operação de loteamento.

6 – A câmara municipal pode, mediante deliberação, autorizar provisoriamente o início das obras de urbanização, de acordo com os projectos que hajam merecido parecer favorável das entidades consultadas nos termos do artigo 20.º

7 – A falta de deliberação dentro do prazo fixado no n.º 2 é considerada para todos os efeitos como deferimento.

NOTAS:

I – Pela 1.ª alteração (Lei n.º 165/99, de 14/9) foi modificado este artigo que tinha a seguinte redacção:

Artigo 25.º
Deliberação final
1 – Realizada a vistoria, a câmara municipal delibera sobre o pedido de loteamento no prazo de 30 dias.
2 – A câmara municipal só pode indeferir a pretensão nos casos seguintes:
a) Desrespeito pelas prescrições da presente lei;
b) Desconformidade do pedido com o PMOT em vigor;
c) Desconformidade com a deliberação referida no n.º 4 do artigo 1.º

II – Não havendo deliberação, conforme refere o n.º 7, considera-se o deferimento tácito. Ver nota **II** ao artigo 24.º.

Artigo 26.º
Conteúdo da deliberação

1 – Com a aprovação dos projectos de obras de urbanização, a câmara municipal fixa o montante da caução para a boa execução dos mesmos.

2 – Na deliberação são fixados o valor absoluto e a quota de comparticipação de cada lote nos custos de execução das obras e da caução.

3 – Se outro critério não for adoptado por deliberação fundamentada, cada lote comparticipa na totalidade dos custos referidos no número anterior na proporção da área de construção que lhe é atribuída no estudo de loteamento em relação à área total de construção de uso privado aprovada.

NOTAS:

I – Pela 1.ª alteração (Lei n.º 165/99, de 14/9) foram modificados os números 1 e 3 e eliminados os números 4, 5 e 6 que tinham a seguinte redacção:
1 – A deliberação abrange a aprovação dos projectos de obras de urbanização e fixa ainda o montante da caução da sua boa execução.
3 – Cada lote comparticipa na totalidade dos custos referidos no número anterior na proporção da área de construção que lhe atribuída no estudo de loteamento em relação à área total de construção de uso privado aprovado.
4 – A deliberação incorpora ainda a identificação:

a) Das construções a demolir e a alterar e o respectivo prazo, o qual não pode ser inferior a três anos;

b) De outras condicionantes que impendem sobre o lote ou a construção que ficam sujeitas a registo;

c) Das soluções previstas para a realização das expectativas dos interessados;

5 – A moratória fixada na alínea a) do número anterior não é aplicável aos casos em que a câmara municipal fundamentadamente reconheça a necessidade de demolição urgente.

6 – A falta de deliberação dentro do prazo fixado no n.º 1 do artigo 25.º é considerada para todos os efeitos como deferimento, considerando-se fixado em três anos o prazo máximo de manutenção temporária a que se refere o n.º 4.

Pela 2.ª alteração (Lei n.º 64/2003, de 23/8) foi modificado o n.º 2 que tinha a seguinte redacção:

2 – Na deliberação é fixada a quota de comparticipação de cada lote nos custos de execução das obras e da caução.

II – O n.º 3 deixa à consideração da assembleia de administração conjunta a definição dos critérios a fixar para a repartição dos custos com a reconversão do Bairro, onde se deve incluir também as despesas de administração, que não são pequenas. A al. c) do n.º 1 do artigo 15 é mais abrangente e elucidativa sobre os custos. A proporção da área de construção será apenas um dos critérios a levar em linha de conta, mas existem outros de não menor importância, como: a área total do lote, o número de fogos a implantar no mesmo lote, o uso a que se destina, etc..

Refira-se que a fixação da caução é da exclusiva competência da câmara municipal, mas a definição da quota de comparticipação cabe, em primeira instância, à assembleia de proprietários ou de comproprietários.

III – Sobre pagamento da quota de comparticipação, ver nota **III – C** ao artigo 18.

Artigo 27.º
Caução de boa execução das obras

1 – A caução de boa execução das obras de urbanização pode ser prestada nos termos gerais, caso a comissão de administração assim o declare no prazo de oito dias após a notificação da deliberação prevista no artigo anterior.

2 – Nos casos de deferimento tácito, o prazo a que se refere o número anterior contar-se-á da data do início da produção dos efeitos do acto.

3 – Na falta de indicação, no prazo referido no número anterior, considera-se que a caução é prestada por primeira hipoteca legal sobre todos os lotes que integram a AUGI.

4 – A hipoteca legal é registada oficiosamente no acto de inscrição da autorização do loteamento, com base no respectivo título.

5 – Cada lote responde apenas pela parte do montante da garantia que lhe cabe nos termos fixados no alvará de loteamento, sendo lícito ao seu titular requerer a substituição da hipoteca legal por outro meio de caução admissível, valendo a deliberação camarária de aceitação como título bastante para o cancelamento da inscrição da hipoteca legal.

6 – Em conformidade com o andamento dos trabalhos, mesmo em caso de prestação de caução por hipoteca legal, e mediante requerimento da comissão de administração, pode haver lugar à redução parcial das garantias, reportando-se a mesma, proporcionalmente, apenas aos lotes cujas comparticipações não estejam em mora.

7 – O prazo de recepção definitiva das obras de urbanização é de um ano contado da data da recepção provisória.

NOTAS:

I – Pela 1.ª alteração (Lei n.º 165/99, de 14/9) foi criado o número 6, e foi modificado o número 2, tendo passados os anteriores números 2, 3 e 4 a 3, 4 e 5, respectivamente.

Pela 2.ª alteração (Lei n.º 64/2003, de 23/8), foi aditado o n.º 7 e modificado o n.º 1 que tinha a seguinte redacção:

1 – Havendo lugar à execução de obras de urbanização, a caução de boa execução pode ser prestada nos termos gerais, caso a comissão de administração o declare no prazo de oito dias após a notificação da deliberação prevista no artigo anterior.

II – Os termos gerais para prestar a caução a que se refere o n.º 1, são os definidos pelo artigo 54 do RJUE:

1 – O requerente presta caução destinada a garantir a boa e regular execução das obras de urbanização .

2 – A caução referida no número anterior é prestada a favor da câmara municipal, mediante garantia bancária autónoma à primeira solicitação, sobre bens imóveis propriedade do requerente, depósito em dinheiro ou seguro caução, devendo constar no próprio título que a mesma está sujeita a actualização nos termos do n.º 3 e se mantém válida até à recepção definitiva das obras de urbanização.

3 – O montante da caução é igual ao valor constante dos orçamentos para execução dos projectos das obras a executar, eventualmente corrigido pela câmara municipal com a emissão da licença ou da autorização, a que pode ser acrescido um montante, não superior a 5% daquele valor, destinado a remunerar encargos de administração caso se mostre necessário aplicar o disposto nos artigos 84 e 85."

III – Ao contrário do que se estipula no n.º 2 do artigo 54.º do RJUE, a caução não deverá ser prestada a favor da câmara municipal, mas sim a favor do município, que é a instituição integradora do património municipal. Na verdade os titulares eleitos da câmara municipal mudam periodicamente e o município continua com as suas atribuições e prerrogativas. O mesmo erro, ou seja falta de precisão do preceito legal, verifica-se também no n.º 3 do artigo 77 do RJUE. Por sua vez, no n.º 2 do artigo 55 e no n.º 3 do artigo 84.º, também do RJUE, os preceitos estão bem redigidos, pois nestas situações estão em causa outro tipo de competências: no artigo 55/2 refere-se, e bem, que o município é parte no contrato (sendo uma instituição, o município deverá ser representado pela câmara municipal); por sua vez o preceito do n.º 3 do artigo 84 trata de uma questão funcional, da competência da câmara, na qual refere que a câmara municipal pode ainda accionar as cauções referidas nos artigos 25.º e 54.º do RJUE.

IV – Diz o n.º 6 que, em caso de hipoteca sobre os lotes que integram a AUGI, se houver redução parcial da hipoteca só serão diminuídas as garantias relativamente aos lotes que não tenham dívidas para com a AUGI. É um comando que pode vir também a facilitar a cobrança de dívidas pelas comissões de administração.

V – Após a vistoria da AUGI, realizada nos termos do artigo 22.º, será feita a recepção provisória das obras de urbanização, sendo que a recepção definitiva das mencionadas obras deverá ser feita no prazo de um ano a contar da data da recepção provisória, conforme estabelecido no n.º 7. Pela letra da lei, não se estabelece um prazo para a garantia das obras que, em termos teóricos, cria um regime mais favorável para as AUGI, pois o prazo geral de garantia das obras de urbanização é de 5 anos, conforme estipulam o n.º 5 do artigo 87 do RJUE .

Contudo, o n.º 3 do artigo 87 do RJUE estabelece outras regras: " *À recepção provisória e definitiva, bem como às respectivas vistorias, é aplicável, com as necessárias adaptações o regime aplicável à recepção provisória e definitiva das empreitadas de obras públicas.*"

Outros prazos do regime das empreitadas das obras públicas estão definidos no Código dos Contratos Públicos (D.L. n.º 18/2008, de 29/1) onde no artigo 398 se definem prazos que vão de 2 a 10 anos.

Pela prática dos anos de vigência da Lei das AUGI, as câmaras municipais não têm sido muito diligentes no cumprimento dos prazos da recepção definitiva das obras de urbanização, contrariando um pouco o espírito simplificador previsto pelo legislador.

Artigo 28.º
Publicidade da deliberação

1 – A deliberação de aprovação do projecto de loteamento é tornada pública pela câmara municipal no prazo de 15 dias por edital a afixar na propriedade, nas sedes do município e da junta ou juntas de freguesia e por anúncio publicado em dois dias consecutivos num dos jornais de divulgação nacional ou, se for o caso, no prazo de 15 dias após a data que deferiu o pedido de licenciamento das obras de urbanização.

2 – O prazo de afixação do edital é de 30 dias;

3 – O processo de loteamento deve estar disponível para consulta pelos interessados na sede do município durante o prazo de afixação do edital.

4 – Os interessados podem reclamar da deliberação nos termos do Código do Procedimento Administrativo.

NOTAS:

I – Pela 2.ª alteração (Lei n.º 64/2003, de 23/8), foi modificado o n.º 1 que tinha a seguinte redacção:

1 – A deliberação de aprovação do estudo de loteamento é tornada pública pela câmara municipal por edital a afixar na propriedade, nas sedes do município e

da junta de freguesia e por anúncio publicado em dois dias consecutivos num dos jornais de divulgação nacional, no prazo de 15 dias.

II – O legislador assegura aos particulares a defesa dos seus interesses, na formação das decisões que lhes disserem respeito, no âmbito do princípio da participação previsto no artigo 8.° do CPA, facultando aos interessados o poder de reclamar dos actos administrativos, quer pela via hierárquica quer pela via do recurso contencioso, nos termos do artigo 158 e seguintes do supra mencionado CPA.

Contudo, por vezes, temos verificado que as impugnações de deliberações e os recursos contenciosos acontecem depois de todos os interessados terem sido ouvidos enquanto titulares intervenientes nas assembleias de administração conjunta, em conformidade com as competências de funcionamento das mesmas. Pelo acompanhamento que fizemos em várias das ditas assembleias, as suas deliberações sempre foram tomadas em conformidade com as regras legais aplicáveis, aprovando os estudos elaborados pelas equipas técnicas da administração conjunta, sempre acompanhados de pareceres prévios dos técnicos da administração local e central, sendo que os projectos de loteamento foram aprovados após demorada e minuciosa maturação das melhores soluções urbanísticas aplicáveis aos casos. Pelo que, nesta conformidade, a reclamação hierárquica, regra geral, não surte efeito, bem como as decisões dos tribunais dificilmente põem em causa os actos da administração em termos de soluções urbanísticas. Apesar de tudo, admite-se que algumas assembleias de administração conjunta possam ser menos cautelosas no cumprimento dos deveres legais.

III – Ainda assim, se houver recurso contencioso da deliberação de aprovação do estudo de loteamento, o mesmo recurso não terá efeito suspensivo, excepto se o recorrente tiver requerido a suspensão da eficácia do acto administrativo da deliberação e se o tribunal administrativo lhe tiver concedido provimento.

Abordamos este pormenor por já ter acontecido uma situação concreta com uma tomada de decisão de aprovação de um estudo de loteamento pela edilidade respectiva, seguido de recurso contencioso, sem que o recorrente tenha requerido a suspensão da eficácia do acto.

Mas, apesar de várias insistências da comissão de administração, a qual fundamentou que o recurso não suspendia a emissão do alvará de loteamento, a câmara municipal só emitiu o dito alvará após a decisão final dos tribunais, que passou primeiro pelo Tribunal Administrativo de Círculo de Lisboa (Proc. n.° 127/99- 2.ª Secção), depois pelo STA (Recurso n.° 166/04 – 1.ª Secção – 2.ª Sub-secção) e, finalmente, por outro recurso para o Tribunal Constitucional (Acórdão n.° 327/2005, de 21/6/2005).

As decisões sucessivas dos Tribunais sempre deram razão às alegações da edilidade e da administração conjunta, mas o recurso atrasou a emissão do alvará em mais de seis anos.

IV – As sentenças referidas na nota anterior, assentaram num recurso contencioso sobre a deliberação de uma câmara municipal que aprovou um estudo de loteamento de uma AUGI, o qual já antes tinha sido devidamente aprovado pela assembleia de comproprietários convocada para o efeito nos termos legais.

A – Alegaram os recorrentes, entre outras coisas de menor significado: um deles invocou que um estacionamento público, previsto frente a um dos seus lotes, lhe era prejudicial; outro requerente, que inicialmente era possuidor de uma parcela com 2.730/16.000 avos indivisos, quando foi iniciado o processo de reconversão, reivindicava a atribuição de 4 lotes, quando o projecto de loteamento lhe destinava apenas 3 lotes. Em síntese, invocaram que o local do estacionamento público, como a diminuição de área a adjudicar apenas em três lotes, violava os princípios da proporcionalidade, da igualdade e da participação, previstos no CPA e, mormente, na CRP.

B – Contestou a administração conjunta, alegando que o recorrente fora titular dos 2.730 avos indivisos, que tinha participado em assembleias da **associação de comproprietários** que liderou o processo de reconversão antes da entrada em vigor da Lei das AUGI, a qual acolheu e deliberou sobre as primeiras orientações para a reconversão do Bairro. Mas, apesar de tudo, o tal recorrente seguiu a prática do primeiro loteador ilegal, visto que reparcelou os avos de que era titular por quatro agregados familiares (irmãos e cunhados) no decorrer da tramitação do mesmo processo, durante o período que mediou entre a publicação do D.L. n.º 400/84, de 31/12 e a sua entrada em vigor, diploma este que terminou com a venda de parcelas em avos indivisos. A comissão de administração invocou ainda que o projecto de loteamento abrangia uma área de 77.710 m2, da qual 25.994 m2 eram afectados ao domínio público, em áreas para zonas verdes, de equipamentos colectivos e de estacionamento.

Sobre a **associação de comproprietários**, ver notas **III** e **IV** ao artigo 34.º.

C – Tais recursos não foram acolhidos por nenhum dos tribunais, pois sempre consideraram que foram cumpridas todas as regras do procedimento administrativo, da diversa legislação urbanística em vigor, bem como as formalidades previstas na Lei das AUGI e que não houve violação de qualquer dos princípios constitucionais referidos.

D – Acrescente-se que, com a mesma fundamentação, os mesmos comproprietários já tinham impugnado, junto do 1.º J. Cível do Tribunal de Loures, a deliberação da assembleia de administração conjunta que aprovou o estudo de loteamento a submeter à câmara municipal em termos de projecto de loteamento. O referido processo decorreu com o n.º 320/97, ao qual foi recusado provimento, o que foi confirmado por Acórdão do Tribunal da Relação de Lisboa, em 4/5/1999.

Artigo 29.º
Alvará de loteamento

Decididas as reclamações ou decorrido o prazo para a sua apresentação e prestada a garantia, se a ela houver lugar e se a mesma for prestada nos termos gerais, a câmara municipal emite o alvará de loteamento, que contém as especificações previstas no Decreto-Lei n.º 555/99, de 16 de Dezembro, com a redacção que lhe foi dada pela Lei n.º 60/2007, de 4 de Setembro, e ainda:

a) Lista dos factos sujeitos a registo predial, nomeadamente a hipoteca legal, o benefício da manutenção temporária previsto na alínea *a)* do n.º 3 do artigo 24.º e o ónus de não indemnização por demolição previsto no n.º 5 do artigo 7.º

b) Valor absoluto e a quota de comparticipação de cada lote nos custos das obras de urbanização e da caução prestada;

c) Valor das taxas de urbanização cujo pagamento haja sido diferido para momento posterior à respectiva emissão, devendo esta especificação constar da inscrição da autorização de loteamento na conservatória do registo predial.

NOTAS:

I – Pela 1.ª alteração (Lei n.º 165/99, de 14/9) foi modificada a primeira parte do número 1 e a al. a) que tinham a seguinte redacção:

Decididas as reclamações ou decorrido o prazo para a sua apresentação e prestada a garantia, se a ela houver lugar, a câmara municipal emite o alvará de loteamento, que contém os elementos previstos no Decreto-Lei n.º 448/91, de 29 de Novembro, e ainda:

a) Lista dos factos sujeitos a registo predial;

Pela 2.ª alteração (Lei n.º 64/2003, de 23/8), foi modificado o corpo do n.º 1, de acordo com a nova legislação aplicável, e foram alteradas as al. b) e c), que tinham a seguinte redacção:

b) Valor da quota de comparticipação de cada lote nos custos das obras de urbanização e da caução prestada;

c) Relação dos comproprietários e listagem de identificação dos lotes, nos termos do acordo de divisão de coisa comum, se já o houver.

Pela 3.ª alteração (Lei n.º 10/2008, de 20/2) foi modificado o texto do n.º 1, substituindo a referência ao D.L. n.º 177/2001, de 4/6, pela referência à Lei 60/2007, que foi a última alteração ao D.L. n.º 555

II – A divisão da coisa comum está tratada nos artigos 36 e seguintes. Não parece muito útil promover uma deliberação para divisão da coisa comum antes da emissão do alvará, porque se corre o risco de, para a emissão deste, ser necessário promover alterações pontuais ao projecto de reconversão, designadamente diminuindo ou aumentando a área dos lotes, quer devido a decisões judiciais ou por conveniência da própria AUGI.

III – Defendemos anteriormente: se, para proceder à divisão da coisa comum, se tornar aconselhável o processo de divisão judicial, poderá recorrer-se a este tipo de divisão logo que esteja aprovado o loteamento, mesmo antes da emissão do respectivo alvará, pois no decorrer do tempo que a câmara municipal procede à elaboração do alvará poderá o processo de divisão judicial tramitar e chegar à fase da conferência de interessados. Se a fase da conferência de interessados ocorrer antes da emissão do alvará, sempre o processo poderá ser sustado até à emissão do respectivo alvará.

Agora, com a redacção dada ao n.º 2 do artigo 2.º tal não é viável.

IV – Sobre a quota de comparticipação, ver nota **III-C** ao artigo 18.

Artigo 30.º
Actos de registo predial e deveres fiscais

1 – A rectificação na descrição predial da área de prédio integrado em AUGI, quando promovida pela comissão de administração, não carece de prévia rectificação do título que serviu de base ao registo, desde que a diferença não seja superior a 15% para mais ou para menos relativamente à área constante na descrição predial, considerando-se imputada a diferença às áreas a integrar no Domínio público.

2 – A requisição de registo que recaia sobre quota parte de prédio indiviso integrado em AUGI não carece de declaração complementar a que se refere o n.º 6 do artigo 42.º do Código do Registo Predial.

3 – O registo do alvará não dá lugar, de imediato, à abertura das novas descrições, que serão abertas quando for requerida a inscrição de aquisição.

4 – A inscrição do alvará de loteamento e dos ónus e outros factos sujeitos a registo do mesmo constantes é instruída com os seguintes elementos:

a) Alvará de loteamento;

b) Prova da entrega no serviço de finanças de cópia do alvará de loteamento.

5 – Caso o alvará de loteamento respeite a prédio em compropriedade, a individualização dos lotes a que se refere o artigo 54.º do Código do Registo Predial só tem lugar simultaneamente com a inscrição de aquisição por divisão de coisa comum.

6 – É dispensada a inscrição intermédia em nome dos titulares de quota do prédio indiviso integrado em AUGI que faça parte de herança indivisa, para efeitos do registo de aquisição do lote por divisão da coisa comum que continue a integrar a mesma herança.

7 – É dispensada a menção dos sujeitos passivos na inscrição da aquisição do lote por divisão de coisa comum.

NOTAS:

I – Pela 1.ª alteração (Lei n.º 165/99, de 14/9) foi criado o número 7, os números 2 e 3 passaram a 5 e 6, e foram modificados os números 1 e 4 que tinham a seguinte redacção:

Artigo 30.º

Inscrição registral

1 – A câmara municipal remete o alvará de loteamento à conservatória do registo predial, que procede à sua inscrição e dos ónus e outros factos sujeitos a registo dele constantes e dá cumprimento ao disposto no n.º 3 do artigo 16.º do Decreto-Lei n.º 448/91, de 29 de Novembro.

4 – Nos casos em que a AUGI compreender exclusivamente parcelas de terreno já destacadas, é inutilizada a descrição do prédio de que os lotes foram desanexados e são canceladas as inscrições.

Pela 2.ª alteração (Lei n.º 64/2003, de 23/8), foi modificada a redacção da al. b) do n.º 4, de acordo com a nova designação de serviço de finanças. Os n.ºs 6 e 7, passaram a 7 e 8, respectivamente, tendo sido criada outra disposição com o n.º 6.

Pela 3.ª alteração (Lei n.º 10/2008, de 20/2), através do seu artigo 3.º, foi revogado o n.º 8, que tinha a seguinte redacção:

8 – Nos prédios constituídos em compropriedade, o prazo de apresentação da declaração modelo n.º 129 para efeitos de inscrição do lote na matriz a que se refere o artigo 14.º do Código da Contribuição Autárquica conta-se a partir da data da inscrição da aquisição do lote por divisão de coisa comum.

Contudo, a questão aqui revogada está agora tratada com mais alguns detalhes no artigo 30.º-A, aditado pelo artigo 2.º desta alteração legal, como verificaremos no local próprio.

II – O n.º 1 estabelece que não é necessário rectificar a descrição predial desde que a diferença de áreas não seja superior a 15%. Foi mais uma facilidade criada para o regime das AUGI, visto que o n.º 3 do artigo 28 do Código do Registo Predial (CRP) só dispensava a harmonização de áreas se a " *diferença entre a descrição e a inscrição matricial não exceder, em relação à área maior, 10% nos prédios rústicos e 5% nos prédios urbanos ou terrenos para construção*".

Todavia, com alteração introduzida no Crp pelo Dec. Lei n.º 116/2008, de 4 de Julho, a harmonização de áreas passou a estar regulada no artigo 28.º-A, que estabelece:

"1 – Caso exista diferença , quanto à área, entre a descrição e a inscrição matricial ou, tratando-se de prédio não descrito, entre o título e a inscrição matricial, é dispensada a harmonização se a diferença não exceder, em relação à área maior:

a) 20%, nos prédios rústicos não submetidos ao cadastro geométrico;

b) 5%, nos prédios rústicos submetidos ao cadastro geométrico;

c) 10%, nos prédios urbanos ou terrenos para construção."

Esta última alteração poderá trazer mais algumas facilidades, em especial relativamente aos prédios rústicos não submetidos ao cadastro geométrico. Ainda assim, aconselha-se a uma leitura mais atenta aos artigos 28.º-B e 29.º-C, também introduzidos no Crp pelo mesmo diploma legal.

III – Por parecer de interesse, transcreve-se também do Crp (com a redacção dada pelo D.L. n.º 116/2008, de 4/7):

"Artigo 42 – Elementos do pedido

N.º 7 – Se o registo recair sobre quota-parte de prédio indiviso não descrito, deve declarar-se complementarmente o nome, estado e a residência de todos os comproprietários."

Como se verifica, também aqui se criam extraordinárias facilidades, visto que há AUGI com dezenas ou mesmo centenas de comproprietários, o que tornava muito difícil saber de todos os elementos requeridos por este dispositivo não obrigatório.

IV – O n.º 5 deste artigo remete para o artigo 54 do Crp que estabelece:
Artigo 54.º – Operações de transformação fundiária

"Os registos das operações de transformação fundiária e das respectivas alterações são efectuadas com base no alvará respectivo, no recibo de admissão de comunicação prévia ou em outro documento que legalmente comprove aqueles factos, com individualização dos lotes ou parcelas."

Refira-se que também o n.º 3 do artigo 80 do Crp determina: "*O registo das operações de transformação fundiária e das suas alterações dá lugar à descrição dos lotes ou parcelas que já se encontrem juridicamente individualizados."*

Ora nos termos do n.º 5 a individualização dos lotes não é feita logo após a apresentação a registo do alvará de loteamento, mas sim com a inscrição de aquisição por divisão da coisa comum, o que está em consonância com o n.º 3 deste artigo.

Esta diferença, face ao preceituado nos artigos 54 e 80 do Crp, implica que, na altura da inscrição de aquisição por divisão, sejam conferidos os nomes de todos os titulares constantes no alvará de loteamento com os nomes dos adjudicatários dos lotes na divisão da coisa comum, de modo a apurar se não existem falhas nem contradição entre as adjudicações e o princípio do trato sucessivo. Na verdade, sem prejuízo do estatuído no n.º 2 do artigo 37, todos os titulares inscritos nas descrições prediais englobadas na AUGI, deverão constar no alvará de loteamento.

V – Nas edições anteriores não aprofundámos se o **loteador ilegal** deveria constar no alvará de loteamento na lista dos titulares inscritos nas descrições prediais. Hoje, em consequência de novos estudos e aprofundamento de casos concretos, parece-nos de clarificar melhor a situação deste, pelas razões seguintes:

A – São conhecidas situações em que, certos possuidores de parcelas em avos indivisos, já com construções erigidas e participadas na matriz, bem como promitentes-compradores de parcelas, desde que tenha havido tradição, têm direito de participar na assembleia, com preterição dos titulares inscritos, como previsto no n.º 2 do artigo 9.º. Mas não podem votar na deliberação prevista na al. h) do n.º 2 do artigo 10.º (aprovar o projecto de divisão da coisa comum);

B – Ora os mencionados possuidores, não têm inscrição nas descrições prediais, logo não poderão beneficiar da adjudicação de qualquer lote previsto no alvará de loteamento emitido, nem podem constar na dita lista de titulares inscritos, devendo antes constar na lista dos titulares inscritos os **loteadores ilegais**, a quem poderão ser adjudicados os lotes destinados aos possuidores das parcelas;

C – Nestas situações, os ditos possuidores terão necessidade de promover a aquisição do seu direito nos termos do Código Civil, nomeadamente através da usucapião ou da acessão, o que parece mais fácil depois do registo do alvará de loteamento, conforme defendemos na nota **III-A** ao artigo 18.°. Sobre o mesmo assunto, ver também nota **II** ao artigo 50.°.

VI – De acordo com o n.° 1, sempre que a diferença de área seja superior a 15%, a rectificação da descrição predial implica rectificação do título que serviu de base ao registo. Entre outras, haverá rectificações através de averbamentos que poderão ser desencadeadas de acordo com os mecanismos da al. c) do n.° 1 do artigo 38 do Crp. Contudo, sempre que a rectificação for para menos, se o alvará de loteamento consagrar áreas a integrar no domínio público proveniente dos prédios que integram a AUGI, entendemos que o alvará será título suficiente para rectificar a descrição predial. Se a rectificação for para área superior a 15%, aqui entendemos que será necessário rectificar o título de acordo com as regras da usucapião, por justificação notarial ou judicial, se não houver outra forma mais expedita.

VII – O vertido no n.° 6 deste artigo está em conformidade com o n.° 1 do artigo 35 do Crp, que estipula: "*É dispensada a inscrição intermédia em nome dos titulares de bens ou direitos que façam parte de herança indivisa.*"

VIII – A abertura das novas descrições pode ser relegada para quando da inscrição da aquisição dos lotes, individualmente, a favor de cada um dos comproprietários, o que só é possível após a divisão da coisa comum, conforme estipulado no artigo 36 e seguintes. Até aqui não se vislumbra qualquer dificuldade de interpretação da lei.

A – Contudo, na abertura das descrições e das inscrições, têm surgido algumas dúvidas aos Conservadores do Registo Predial sobre a inscrição dos ónus. Por um lado, o n.° 4 deste artigo impõe a inscrição dos ónus e outros factos sujeitos a registo de acordo com os elementos constantes no alvará de loteamento. Alguns dos ónus são as construções a demolir e a alterar, bem como o respectivo prazo que não pode ser inferior a três anos, de acordo com a al. a) do n.° 3 do artigo 24. Assim, sempre que um titular a quem foi adjudicado um lote com construções pretender inscrever esse lote a seu favor, terá que fazer o requerimento apresentando o título da divisão da coisa comum e o Mod. 1 do IMI em conformidade com o artigo 30.º-A. Se no lote não existirem construções ou, existindo, não constarem no alvará de loteamento por não haver ónus de demolição ou de alteração, e se o Mod. 1 ignorar as construções existentes, nada obsta a que o conservador aceite a inscrição requerida.

B – Porém, se no lote existirem construções sujeitas a demolição ou a alteração, que constem como ónus no dito alvará, e se o conservador levar em consideração todos os elementos do alvará, poderá considerar que o registo de aquisição fique lavrado provisoriamente por dúvidas. Se isto acontecer, e se o adquirente necessitar de um empréstimo bancário para demolir ou alterar as construções existentes e adequá-las nos termos do alvará, fica impedido de obter o empréstimo enquanto as dúvidas não forem convertidas. Não obtendo o empréstimo não poderá fazer obras. Não fazendo obras em conformidade com o alvará, não poderá obter do município uma certidão para cancelamento dos ónus, o que dá origem a uma situação de "*pescadinha com o rabo na boca*", que prejudica a **moratória de 3 anos** prevista pelo legislador para o titular conformar as construções existentes com o alvará de loteamento.

C – Ora se o legislador quis facilitar o problema a várias dezenas de milhar de comproprietários de AUGI com construções precárias, não parece muito curial que as duras regras registrais sejam aplicadas com todo o rigor da lei, pelo que nos parece razoável que a primeira inscrição de aquisição não exija a conformidade com os ónus de demolição ou alteração de construções inseridas no alvará de loteamento, embora deva ser lavrado o ónus de eventuais hipotecas e ainda uma remissão genérica para outros ónus constantes no alvará. Pensamos que esta prática não irá colidir com qualquer garantia que o município pretende salvaguardar na área do seu território, até porque tem sempre a faculdade de controlar a situação no limite da moratória.

D – Por outro lado ainda, o ónus de demolição lavrado no alvará tem em vista a legalização das construções existentes, o que não pode afectar a descrição predial do lote destinado a construção, nem a aquisição do mesmo, até porque a al. f) do n.º 1 do artigo 95.º do Crp apenas impõe que no "*extracto da inscrição deve ainda conter as seguintes menções:*
Na de operações de transformação fundiária, a identificação do título e a especificação das condições da operação;

Ora o ónus de demolição é uma condição da operação para a legalização de parte da construção existente e não para a aquisição do lote de terreno destinado a construção.

Artigo 30.º-A
Normas fiscais

1 – Nos prédios constituídos em compropriedade, o prazo de apresentação da declaração modelo 1 para efeitos de inscrição do lote na matriz a que se refere o artigo 13.º do Código do Imposto sobre Imóveis, conta-se a partir da data da inscrição da aquisição do lote por divisão de coisa comum, sem prejuízo do disposto nos números seguintes.

2 – Não há lugar à inscrição do lote de terreno para construção urbana constituído pelo título de reconversão, quando a área respectiva esteja afecta a edificação, ainda que não licenciada, já inscrita na matriz.

3 – A declaração para actualização da matriz relativa a construção erigida em área urbana de génese ilegal é efectuada com base na licença de utilização respectiva, sem prejuízo de o chefe do serviço das finanças da área da respectiva situação poder promover essa actualização oficiosamente.

4 – São isentas do imposto do selo as transmissões gratuitas realizadas para cumprimento das especificações e obrigações estabelecidas pelo alvará de loteamento e pela certidão do plano de pormenor de reconversão.

NOTAS:

I – Este artigo foi aditado pelo artigo 2.º da Lei n.º 10/2008, de 20 de Fevereiro, sendo que a matéria estava parcialmente regulada no n.º 8 do artigo 30.º.

II – O anterior n.º 8 está transcrito em anotação ao artigo 30. O Mod. 1 do IMI corresponde ao Mod. 129 na vigência do Código da CA, sendo então o prazo de entrega de 90 dias; o artigo 13.º do Código do IMI referido no n.º 1 impõe o prazo de 60 dias para a entrega do Mod. 1 do IMI.

Anteriormente, a Lei das AUGI não faziam distinção de prazos para inscrição dos lotes na matriz, pelo que os serviços de finanças não tinham um critério uniforme de contagem de prazos para tal efeito. Assim, alguns dos serviços de finanças entendiam que, em qualquer das situações, o prazo para a inscrição dos lotes na matriz contava-se a partir da data da emissão do alvará de loteamento e não da divisão da coisa comum. Uma Repartição de Finanças, de um concelho do distrito de Lisboa, chegou a aplicar coimas, com base no n.º 1 do artigo 31 do RJI-

FNA, aprovado pelo DL n.º 20-A/90, de 15 de Janeiro, a adjudicatários de lotes que não inscreveram os mesmos na matriz no prazo que as finanças entendiam como correctos.

Defendemos então:

"*A Lei 91/95 é posterior a ao RJIFNA, e é lei especial que se aplica em prejuízo da lei geral, logo a aplicação da lei geral lesou aqueles comproprietários que liquidaram a coima, pois, nos termos do n.º 7 do artigo 30, o prazo de 90 dias para apresentação do Mod. 129 conta-se a partir da data da **inscrição** da aquisição do lote por divisão de coisa comum.*

*Pode não ser muito claro a que tipo de inscrição o legislador se quer referir, se a inscrição do prédio na matriz ou se, pelo contrário, pretende referir-se à inscrição do lote a favor do seu titular na Crp. Em bom rigor, de acordo com letra da lei, a inscrição da aquisição é uma terminologia muito própria das regras registrais inseridas no Código do Registo Predial. Mas, para a inscrição da aquisição do lote na Crp, implica que o seu proprietário apresente o Mod. 129 no acto de requisição da inscrição. Assim sendo, tudo indica que o legislador se quis referir à inscrição da aquisição do lote na matriz, para ficar habilitado a inscrevê-lo, posteriormente, na Crp ou, então, a palavra **inscrição** constante na última linha do n.º 7 do artigo 30 foi incluída indevidamente, talvez se pretendesse apenas dizer "conta-se a partir da data da aquisição do lote por divisão da coisa comum".*

Nunca o prazo da inscrição da aquisição, quer na matriz quer na Crp, poderia contar a partir da emissão do Alvará, porque este documento é insuficiente, uma vez que não determina a quem os lotes são adjudicados.

Só a divisão da coisa comum por escritura pública, ou a divisão judicial, previstas no artigo 36 e seguintes da lei 91/95, serão títulos suficientes para definir a titularidade dos lotes constantes do Alvará de Loteamento.

Face às reclamações oportunamente apresentadas, a dita repartição de Finanças deixou de aplicar as coimas, desde que cumprido o prazo de 90 dias após a divisão da coisa comum.

III – Depois de alguma controvérsia, os serviços de finanças formularam o entendimento de que o prazo para a inscrição dos lotes na matriz se conta conforme os seguintes casos: a partir da data da escritura de divisão da coisa comum para os lotes resultantes de loteamentos de prédios parcelados em avos (em regime de compropriedade); a partir da data de emissão do alvará de loteamento para os lotes já individualizados antes da emissão do alvará, visto que estes não estão sujeitos à divisão da coisa comum.

IV – Actualmente, com a introdução do artigo 30.º-A, em que a redacção do n.º 1 é muito semelhante ao anterior n.º 8 do artigo 30.º, foram acrescentadas algumas alterações: por exemplo, o n.º 2 dispensa de nova inscrição na matriz a área já afecta a edificação, ainda que não licenciada, mas já inscrita na matriz. Assim, parece de manter o critério anteriormente aceite de que só os lotes sem qualquer edificação ficam sujeitos a inscrição na matriz, no prazo de 60 dias, a contar da data da divisão da coisa comum, na medida em que, só com a divisão os lotes são efectivamente adjudicados aos respectivos titulares de parcelas em avos. Antes disso, apenas existia uma expectativa de adjudicação aos titulares em conformidade com o projecto de divisão da coisa comum aprovado nos termos da al. h) do n.º 2 do artigo 10.º.

Na sequência da dispensa de nova inscrição preconizada no n.º 2, o n.º 3 prevê a actualização da matriz relativa à construção erigida em AUGI, com base na licença de utilização, pelo respectivo titular ou, oficiosamente, pelo chefe do serviço de finanças da área respectiva. De notar que estes números, 2 e 3, não prevêem prazos, mas parece que será de seguir os 60 dias previstos no artigo 13 do CIMI, sempre a partir da licença de utilização, quer para as construções em lotes de AUGI parceladas em avos ou de AUGI com os lotes individualizados em m2.

Finalmente, refere-se que o artigo 64.º do RJUE, que estabelece as regras para a concessão de utilização do edificado, utiliza a expressão *"autorização de utilização"* e deixou de utilizar *"licença de utilização"*, por via da alteração introduzida pela Lei n.º 60/2007, de 4/9.

SECÇÃO II
Reconversão por iniciativa municipal

Artigo 31.º
Processos de reconversão por iniciativa municipal

1 – A reconversão por iniciativa municipal, quando segue a forma de operação de loteamento, está sujeita ao disposto no artigo 7.º do Decreto-Lei n.º 555/99, de 16 de Dezembro, com a redacção que lhe foi dada pela Lei n.º 60/2007, de 4 de Setembro, com as seguintes especialidades:

a) É aplicável à operação o disposto no n.º 4 do artigo 18.º da presente lei;

b) A deliberação que aprova a operação de loteamento inclui os elementos referidos nos artigos 24.º, 25.º e 26.º, com as necessárias adaptações;

c) As especificações, o registo predial e a publicitação dos actos de aprovação estão sujeitos ao regime previsto nos artigos 28.º, 29.º e 30.º, com as necessárias adaptações.

2 – Se a câmara municipal optar por realizar a reconversão mediante plano de pormenor, o processo segue os trâmites do Decreto--Lei n.º 380/99, de 22 de Setembro, com a redacção que lhe foi dada pelo Decreto-Lei n.º 316/2007, de 19 de Setembro, sendo-lhe aplicável o disposto na alínea b) do número anterior.

3 – Tornando-se necessário, para viabilizar a operação de reconversão, proceder à alteração do PMOT em vigor, a câmara municipal pode promover essa alteração, conjuntamente com a operação de reconversão, num só plano de pormenor.

4 – A certidão do plano de pormenor substitui o alvará de loteamento para efeitos de registo predial.

5 – As despesas de elaboração do processo de reconversão constituem encargos da urbanização.

NOTAS:

I – Pela 1.ª alteração (Lei n.º 165/99, de 14/9) foi totalmente reformulado o artigo 31 que tinha a seguinte redacção:
Artigo 31.º
Plano de pormenor de reconversão
1 – Na deliberação a que se refere o n.º 4 do artigo 1.º, a câmara municipal pode optar pela reconversão da sua iniciativa, através da elaboração de plano de pormenor de reconversão.

2 – O plano de pormenor a que se refere o número anterior segue os trâmites do Decreto-Lei n.º 69/90, de 2 de Março, com as seguintes especialidades:

a) O plano de pormenor integra os elementos referidos no artigo 18.º e a vistoria prevista no artigo 22.º, com as necessárias adaptações;

b) A deliberação municipal que aprovar o plano de pormenor de reconversão deve incluir os elementos referidos nos artigos 26.º e 29.º, com as necessárias adaptações;

3 – As despesas de elaboração do plano de pormenor constituem encargos da urbanização.
4 – O disposto nesta secção não é aplicável ao plano de pormenor a que se refere o artigo 5.º

Pela 2.ª alteração (Lei n.º 64/2003, de 23/8), foram modificados os n.º 1 e 2, de acordo com a nova legislação aplicável.

Pela 3.ª alteração (Lei n.º 10/2008, de 20/2) foi modificado o texto do n.º 1, substituindo a referência ao D.L. n.º 177/2001, de 4/6, pela referência à Lei 60/2007, que foi a última alteração ao D.L. n.º 555/99, e no n.º 2 foi acrescentada a referência ao D.L. 316/2007, também a última alteração ao D.L. n.º 380/99.

II – Apesar de este artigo prever a reconversão por iniciativa municipal, quer pela forma de operação de loteamento, quer pela forma de plano de pormenor, na prática os municípios não têm enveredado por este caminho, excepto em casos pontuais.

A – Com efeito, em termos de operação de loteamento, a remissão feita pelo n.º 1 para o artigo 7.º do RJUE, implica que tenham que ser seguidas algumas regras previstas nos números seguintes:

"3 – As operações de loteamento e as obras de urbanização promovidas pelas autarquias locais e suas associações em área não abrangida por plano municipal de ordenamento do território devem ser previamente autorizadas pela assembleia municipal, depois de submetidas a parecer prévio não vinculativo da Comissão de Coordenação e Desenvolvimento Regional (CCDR), a qual deve pronunciar-se no prazo de 20 dias a contar da recepção do respectivo pedido.

5 – As operações de loteamento e as obras de urbanização promovidas pelas autarquias locais e suas associações (…) em área não abrangida por plano de urbanização ou plano de pormenor são submetidas a discussão pública, nos termos estabelecidos no artigo 77.º do Decreto-Lei n.º 380/99, de 22 de Setembro, com as necessárias adaptações, excepto no que se refere aos períodos de anúncio e duração da discussão pública que são, respectivamente, de 8 e de 15 dias.

6 – A realização das operações urbanísticas previstas neste artigo deve observar as normas legais e regulamentares que lhes forem aplicáveis, designadamente as constantes de instrumento de gestão territorial, do regime jurídico de protecção do património cultural, do regime jurídico aplicável à gestão de resíduos de construção e demolição, e as normas técnicas de construção. "

B – Se a opção for a forma do plano de pormenor, também o n.º 2 determina que o processo segue os trâmites do D.L. n.º 380/99 (de que não transcrevemos qualquer disposição, devido à sua complexidade), aplicando-se também, com as necessárias adaptações os artigos 24.º, 25.º e 26.º, conforme previsto na al. b) do n.º 1.

C – Quanto à remissão feita na al. a) do n.º 1 para o n.º 4 do artigo 18.º, admitimos que seja um pequeno lapso do legislador, na medida em que o artigo 18.º não tem, nem nunca teve, n.º 4. Assim, será de supor que o legislador se queira referir ao n.º 3 do mesmo artigo 18.º, o qual estipula que a câmara municipal pode dispensar a apresentação dos elementos referidos na al. a) do número anterior, que são: *"Projectos de das redes viária, de electricidade, de águas, de esgotos e de arranjos de espaços exteriores, bem como o faseamento da sua execução."*

III – O n.º 3, para viabilizar a operação de loteamento, prevê ainda que a câmara municipal, se necessário, poderá proceder à alteração do PMOT em vigor, conjuntamente com a operação de reconversão, num só plano de pormenor.

Na verdade, é mais uma facilidade que o legislador aponta para a reconversão das AUGI, mas a alteração do PMOT é sempre um processo demorado devido à sua complexidade e à dependência de pareceres e acompanhamento da administração central.

IV – De acordo com o n.º 5, as despesas serão sempre encargo dos interessados, pelo que não se verifica qualquer vantagem para que os comproprietários não liderem o processo de reconversão das suas AUGI. Tendo sempre que pagar os encargos, haverá conveniência em acompanhar a elaboração de projectos e a construção das respectivas infra-estruturas.

Artigo 32.º
Modalidades de reconversão por iniciativa municipal

1 – A reconversão de iniciativa municipal pode assumir as seguintes modalidades:

a) Com o apoio da administração conjunta;

b) Sem o apoio da administração conjunta;

2 – A reconversão com o apoio da administração conjunta é objecto de contrato de urbanização a celebrar entre a câmara municipal e a comissão de administração, que delimita as atribuições e o âmbito de intervenção de cada uma das entidades.

3 – Na reconversão sem o apoio da administração conjunta, sem prejuízo do disposto no artigo 3.º, compete à câmara municipal realizar todos os actos previstos na presente lei relativos à emissão do título de reconversão e execução integral das infra-estruturas;

4 – Os interessados a que se refere o artigo 9.º podem aderir individualmente ao processo de reconversão realizado sem o apoio da administração conjunta.

5 – Na reconversão sem o apoio da administração conjunta a câmara municipal remete, conforme o caso, o alvará de loteamento ou a certidão do plano de pormenor ao serviço de finanças, bem como à conservatória do registo predial, que procede à sua inscrição e dos ónus e outros factos sujeitos a registo deles constantes.

6 – Nos casos previstos no número anterior a realização das inscrições é dispensada de preparo, competindo ao conservador notificar os interessados para o pagamento dos respectivos emolumentos, após a feitura do registo.

NOTAS:

I – Pela 1.ª alteração (Lei n.º 165/99, de 14/9) foram acrescentados os números 5 e 6.

Pela 2.ª alteração (Lei n.º 64/2003, de 23/8), o n.º 5 foi completado no sentido de que o alvará deverá ser remetido também aos serviços de finanças.

II – Conjugados os artigos 31 e 32, pode constatar-se que, apesar de as câmaras municipais terem competência para a reconversão, os encargos serão da conta dos comproprietários, em conformidade com a remissão feita pelo n.º 3 para o artigo 3.º a Lei das AUGI. Para obviar a que tudo fique para o fim da reconversão, designadamente o pagamento da quota-parte das despesas que cabe a cada um, o n.º 4 do artigo 32 preconiza que os interessados podem aderir individualmente ao processo de reconversão.

Apesar da previsão de remessa oficiosa dos documentos de reconversão ao serviço de finanças e à Crp, em caso de ser necessário proceder à divisão da coisa comum (se a AUGI em causa resultar do parcelamento em avos indivisos) sempre terão que ser os titulares interessados a proceder a esta diligência, nos termos do artigo 36.º e seguintes.

Artigo 33.º
Garantia da execução das infra-estruturas

1 – Quando, nos termos do artigo anterior, seja da competência da câmara municipal a execução total ou parcial das infra-estruturas, a operação de loteamento ou o plano de pormenor não podem ser aprovados sem que esteja demonstrada a viabilidade financeira da execução das obras, bem como o modo e o tempo da realização da receita para o efeito.

2 – O pagamento das comparticipações nos encargos da urbanização pelos interessados a que se refere o artigo 9.º é assegurado por hipoteca legal sobre os lotes que integram a AUGI, nos termos dos artigos 26.º e 27.º

NOTAS:

I – Pela 1.ª alteração (Lei n.º 165/99, de 14/9) foi modificado este artigo que tinha a seguinte redacção:

A câmara municipal não pode submeter a aprovação do plano de pormenor de reconversão à assembleia municipal sem que esteja, além do mais, demonstrada a viabilidade financeira da execução das infra-estruturas e assegurado o pagamento da totalidade da comparticipação nos encargos da urbanização pelos interessados a que se refere o artigo 9.º

II – Na nota **II** ao artigo 31.º, já fizemos referência à pouca apetência das câmaras municipais para liderarem os processos de reconversão das AUGI. Neste artigo poderemos compreender melhor as razões. A construção das infra-estruturas implica despesas mais ou menos avultadas, em conformidade com as áreas de reconversão e com o número de lotes previstos. Como é sabido, as autarquias locais sempre se têm vindo a queixar da falta de recursos financeiros para satisfazer as carências mais sentidas pelas populações residentes nas suas áreas de intervenção. Daí, pelo que temos observado ao longo da vigência da Lei das AUGI, os municípios têm facultado máquinas e alguns materiais para a construção de algumas infra-estruturas, mas sempre em situações onde foram constituídas as administrações conjuntas, que têm liderado os processos e angariado alguma mão-de-obra para ajudar na construção das redes de águas e de saneamento e têm, ainda, estabelecido a repartição de encargos pelos titulares interessados na reconversão dos seus bairros, tendo em vista custear a elaboração de projectos e para pagar as restantes infra-estruturas não suportadas pelas câmaras municipais, como a rede eléctrica e outras.

Artigo 34.º
Medidas complementares

1 – A câmara municipal pode, sempre que se mostre necessário à reconversão da AUGI, aplicar as medidas previstas no Decreto-Lei n.º 804/76, de 6 de Novembro, com as alterações introduzidas pelo Decreto-Lei n.º 90/77, de 9 de Março.

2 – Nos instrumentos de execução dos planos previstos no Decreto-Lei n.º 380/99, de 22 de Setembro, com a redacção que lhe foi dada pelo Decreto-Lei n.º 316/2007, de 19 de Setembro, as relações entre os particulares processam-se no âmbito da administração conjunta da AUGI e as relações entre aqueles e o município por intermédio da respectiva comissão de administração.

NOTAS:

I – Pela 2.ª alteração (Lei n.º 64/2003, de 23/8) o corpo do artigo passou a n.º 1, tendo sido aditado o n.º 2.

Pela 3.ª alteração (Lei n.º 10/2008, de 20/2) no n.º 2 foi acrescentada a referência ao D.L. n.º 316/2007.

II – O D.L. 804/76 (que se transcreve no final desta obra), para que este artigo remete, teve, e continua a ter, uma importância considerável para a reconversão das AUGI. No preâmbulo daquele diploma reconhece-se, entre outras:

"uma enorme extensão das áreas de construção clandestina, grande número de agregados familiares nelas fixados, elevado volume de investimentos feitos nas respectivas construções – em grande parte por agregados familiares de poucos recursos."

Em consequência, propõe aquele diploma que *"a legalização das áreas que dela sejam susceptíveis deverá ser procurada através de acordo com os interessados."* Apenas serão demolidas as áreas que não seja possível a sua legalização.

No articulado do mesmo diploma estabelecem-se diversas regras a que fica sujeita a reconversão das AUGI, o pagamento dos encargos pelos interessados, o reordenamento proporcional dos lotes, o acordo com os interessados, etc..

III – Por sua vez, o artigo 10 do D.L. 804/76, remete para o D. L. 794/76, de 5 de Novembro, que define o regime jurídico sobre a política de solos, o qual foi alterado já depois do 25 de Abril pelo D.L. n.º 794/76, de 5/11, sendo que o Capítulo II deixou de ter aplicação enquanto medida cautelar aplicável aos planos municipais de ordenamento do território, por força do artigo 158 do D.L. n.º 380/99, de 22/9. No D.L. n.º 794/76 regulamenta-se a forma de intervenção da Administração em associação com os proprietários, com vista à alteração do uso ou da ocupação dos solos para fins urbanísticos, e prevê-se mesmo poderes de expropriação e direito de preferência para a Administração, para os casos em que não sejam possíveis acordos com a parte significativa dos proprietários.

IV – Com o suporte legal dos dois primeiros diplomas atrás mencionados, foram criadas umas dezenas de associações de moradores ou de proprietários/comproprietários para a reconversão de alguns bairros, tendo sido possível a obtenção de alguns alvarás de loteamento, mas raramente se fizeram as escrituras públicas de divisão da coisa comum, por ser exigido que todos os comproprietários outorgassem a respectiva escritura. Bastava que um dos comproprietários não estivesse de acordo para não ser possível realizar aquela escritura notarial. Neste aspecto, só a Lei 91/95 possibilitou fazer a divisão da coisa comum por acordo de uso, desde que a assembleia de comproprietários delibere por maioria absoluta sobre o assunto.

Ver al. h) do n.º 2 do artigo 10, conjugada com o n.º 2 do artigo 12 e nota **II** ao artigo 36.º.

SECÇÃO III
Delimitação da AUGI

Artigo 35.º
Pedido de declaração da AUGI

1 – Qualquer interessado a que se refere o artigo 9.º pode requerer à câmara municipal a declaração de AUGI ou a sua redelimitação, devendo, para o efeito, apresentar a sua proposta e a respectiva justificação.

2 – A câmara municipal aprecia o pedido no prazo de 90 dias, findo o qual se considera o mesmo deferido nos termos requeridos.

3 – Nos casos de pedido de redelimitação, a câmara municipal delibera, no prazo previsto no número anterior, após audição da comissão de administração, quando esta já esteja constituída.

NOTAS:

I – Pela 1.ª alteração (Lei n.º 165/99, de 14/9) foi modificado o número 1 que tinha a seguinte redacção:

1 – Qualquer interessado a que se refere o artigo 9.º pode requerer à câmara municipal a declaração da AUGI e a sua extensão nos termos do artigo 5.º, devendo, para o efeito, apresentar a proposta de delimitação e respectiva justificação.

Pela 2.ª alteração (Lei n.º 64/2003, de 23/8), foram modificados os n.ºs 2 e 3 que tinham a seguinte redacção:

2 – A câmara municipal aprecia o pedido no prazo de 90 dias.

3 – Na falta de deliberação, o requerente pode pedir no tribunal administrativo de círculo a intimação da câmara para proceder à referida delimitação.

II – Este artigo possibilita a qualquer interessado tomar a iniciativa para a reconversão do seu bairro. Com a nova redacção dada ao n.º 3, vinca-se melhor o dever da câmara municipal deliberar, sem, contudo, vedar aos interessados o direito de recorrer ao tribunal administrativo se a câmara municipal não actuar em conformidade.

Sobre redelimitação, ver notas ao artigo 8.º.

CAPÍTULO V
Da divisão da coisa comum

Artigo 36.º
Modalidades de divisão

1 – Os prédios em compropriedade que integrem a AUGI podem ser divididos, em conformidade com o alvará do loteamento ou a planta de implantação do plano de pormenor, por acordo de uso, sem prejuízo do recurso à divisão por escritura pública ou por decisão judicial.

2 – Presumem-se assegurados, para efeitos do artigo 72.º do Código do Registo Predial, os encargos de natureza fiscal correspondentes às transmissões operadas na divisão de coisa comum do prédio ou prédios integrados na AUGI.

NOTAS:

I – Pela 1.ª alteração (Lei n.º 165/99, de 14/9) foi modificado este artigo que tinha a seguinte redacção:

Os prédios em compropriedade que integrem a AUGI podem ser divididos, em conformidade com o alvará de loteamento ou a planta de síntese do plano de pormenor de reconversão, por acordo de uso, sem prejuízo do recurso à divisão por escritura pública ou por decisão judicial.

Pela 2.ª alteração (Lei n.º 64/2003, de 23/8) foi aditado o n.º 2 e foi modificado o n.º 1, que tinha a seguinte redacção:

Os prédios em compropriedade que integrem a AUGI podem ser divididos, em conformidade com o alvará do loteamento ou a planta de síntese do plano de pormenor, por acordo de uso, sem prejuízo do recurso à divisão por escritura pública ou por decisão judicial.

II – Seguindo Manuel de Carvalho Matos (obra citada, pág. 145) para obter a divisão da coisa comum, ficam abertas 3 vias:

"– *a divisão da coisa comum por escritura pública, com a intervenção de todos os titulares inscritos, pessoalmente ou devidamente representados;*

– *a acção judicial de divisão da coisa comum, se houver litígio entre os titulares inscritos ou se for impossível reunir a maioria dos comproprietários, ou*

– *a divisão da coisa comum por acordo de uso, em conformidade com a planta do alvará de loteamento ou com a planta de síntese do plano de pormenor.*"

Acrescenta ainda o mesmo autor, que "*a divisão por acordo de uso é a que permite maior economia quer em tempo, quer em custos económicos.*"

Tem razão no seu comentário, e tem a experiência do seu lado, pois antes da entrada em vigor da Lei das AUGI ele próprio promoveu uma escritura (pelo menos uma) com várias dezenas de comproprietários, o que se tornou num processo complexo. Embora com a presença da grande maioria dos comproprietários no acto da escritura, foi necessário utilizar a representação por procuração de uns comproprietários por outros e, ainda, a representação de outros que não emitiram procuração através da figura jurídica do "*gestor de negócios*" prevista no artigos 464 e seguintes do C.C., sendo que, nestes últimos casos, tais actos ficaram sujeitos a ratificação posterior por parte dos interessados.

III – O comando do n.º 2 insere-se na filosofia de simplificação que enforma a Lei das AUGI. Uma vez que se presumem assegurados os encargos de natureza fiscal, não se poderá exigir qualquer prova do pagamento dos mesmos.

SECÇÃO I
Divisão por acordo de uso

Artigo 37.º
Requisitos

1 – A divisão por acordo de uso só é possível quando conste do alvará ou da deliberação municipal que aprove o plano de pormenor que o loteamento corresponde, na sua essência, à situação evidenciada na planta referida na alínea d) do n.º 1 do artigo 18.º

2 – Na divisão por acordo de uso, nenhum dos interessados pode levar exclusivamente tornas, salvo se a tal der o seu assentimento expresso em documento autêntico ou autenticado.

NOTAS:

I – Pela 1.ª alteração (Lei n.º 165/99, de 14/9) foi modificado o n.º 1 deste artigo que tinha a seguinte redacção:

A divisão por acordo de uso só é possível quando conste do alvará ou da deliberação municipal que aprove o plano de pormenor de reconversão que o loteamento corresponde, na sua essência, à situação evidenciada na planta referida no artigo 18.º, n.º 1, alínea d).

II – O alcance do n.º 2, parece ser no sentido de que todos os comproprietários devem ser contemplados com, pelo menos, um lote. O comando, como princípio a seguir, tem um aspecto positivo, pois salvaguarda um direito de propriedade mínimo a todos os interessados. Todavia, irá ter algumas dificuldades de aplicação, na medida em que certas AUGI têm a sua área inicial destinada a construção substancialmente diminuída, em consequência de algumas das suas parcelas estarem situadas em áreas afectas à REN – Reserva Ecológica Nacional – ou à RAN – Reserva Agrícola Nacional – ou por as áreas não afectas a estas reservas já estarem totalmente ocupadas por construções. Ora nestas situações, se não for possível o assentimento dos interessados, ser-lhes-ão adjudicadas parcelas destinadas a zonas verdes, onde, em última análise, só poderão praticar agricultura, o que, decerto, não lhes interessa. Nas situações em que existam construções a demolir, conforme estipula a al. a) do n.º 3 do artigo 24, as parcelas em causa passarão também a zonas verdes.

A propósito do direito a tornas, mais uma vez transcrevemos uma nota de Manuel de Carvalho Matos (obra citada, pág. 148):
"Pode suceder, no entanto, que, a certo titular, não seja atribuído lote, por não existir lote disponível ou por não ser possível contactar esse interessado.

Nestes casos, designadamente, na convocatória para deliberar a divisão da coisa comum por acordo de uso, deverá fazer-se o aviso dessa situação, identificando esses interessados pelos elementos conhecidos, com a indicação de que, se não comparecerem, será feito depósito liberatório na Caixa Geral de Depósitos, à sua ordem."

III – Do texto do número 2, pode inferir-se que um comproprietário que seja titular de duas ou mais parcelas em avos, num só prédio ou em prédios diferentes numa só AUGI, desde que lhe seja adjudicado pelo menos um lote, não terá que prestar o seu consentimento expresso em documento autêntico. Este é o entendimento mais consensual entre juristas, notários e conservadores do registo predial.

A – No entanto, uma senhora conservadora do registo predial da periferia de Lisboa, a norte do Tejo, numa interpretação muito restritiva da lei (com o devido respeito), sujeitou a dúvidas o registo de todos (cerca de 70) os lotes de um determinado prédio, com base numa escritura de divisão de uma AUGI composta por mais do que um prédio, porque um dos interessados tinha inscrições a seu favor em dois dos outros prédios da AUGI, e não lhe tinha sido adjudicado qualquer lote no prédio dos cerca de 70 lotes, o que implicou uma rectificação à escritura, após o tal interessado ter dado o seu assentimento em documento autenticado. Curiosamente os prejudicados, porque tiveram que esperar pela conversão das dúvidas, foram os titulares dos cerca de 70 lotes não aceites para registo que nada tinham a ver com o assunto.

B – Como a assembleia de comproprietários delibera por maioria, nos termos da al., h) do n.º 2 do artigo 10.º, para aprovar o projecto de divisão da coisa comum, pode muito bem acontecer que a um determinado comproprietário seja adjudicado apenas um lote, apesar de ter comprado duas ou mais parcelas em avos de um prédio (ou conjunto de prédios que integram a AUGI) ficando prejudicado **parcialmente** nas suas expectativas de vir a ter um número igual de lotes no loteamento aprovado. Mas, se não fosse assim, necessariamente um outro ou outro comproprietário que tivesse adquirido apenas uma parcela veria as suas expectativas **completamente** defraudadas se nenhum lote lhe fosse adjudicado. Parece-nos justo o critério do legislador. Pois se, pelas regras urbanísticas em conjugação com a presente lei, não pode haver tantos lotes como o número de parcelas em avos existente na AUGI, encontrou-se uma solução que, se não é equitativa, será, pelo menos, justa.

C – Poderá questionar-se sobre a legitimidade que assiste à assembleia de comproprietários para beliscar o direito de um qualquer comproprietário, diminuindo-lhe os seus direitos reais tão ciosamente protegidos pelo Código Civil português. Apesar da racional interrogação, nem será necessário desenvolver grandes ensaios teóricos: a razão de ser da Lei das AUGI, que também é uma lei substantiva e especial, foi mesmo de amenizar os tradicionais direitos reais pela necessidade imperiosa de encontrar uma resposta equitativa e tão justa quanto possível com vista a permitir soluções para os problemas urbanísticos existentes em vários municípios, designadamente graves problemas habitacionais de mais de 400.000 portugueses que vivem ou ambicionam vir a viver em AUGI.

D – Porque a solução equitativa e justa que se almeja alcançar tem mais a ver com o direito à habitação constitucionalmente consagrado, e menos com o direito real sobre uma ou mais parcelas em avos, isto também no pressuposto de que os comproprietários que adquiriram parcelas em loteamentos clandestinos procuraram antes solucionar problemas de habitação para o seu agregado familiar e não fazer rentáveis aplicações de capitais ou retirar benefícios do mercado especulativo de terrenos para construção.

E – As observações que fizemos nas alíneas anteriores desta nota **III**, não são de forma nenhuma a defesa de que, havendo mais do que um prédio delimitados numa determinada AUGI (e existem muitas AUGI nesta situação) que os mesmos prédios devam ser primeiro anexados ou emparcelados para depois se fazer o seu reparcelamento e adjudicação aos comproprietários, conforme uma dúvida já colocada num relatório do CT do IRN (Parecer inscrito no Boletim n.º 4/2005, pág. 44, onde se escreveu, em citação deste trabalho: "o autor parece defender ... a anexação de todos os prédios abrangidos ..."). Na verdade, repete-se, não é esta a posição do autor.

Sobre emparcelamento, reparcelamento e princípio da perequação, ver notas ao artigo 40.º, particularmente a nota **IV-E**.

F – Com efeito, os direitos reais dos comproprietários titulares de AUGI podem ser mitigados, bem como os direitos reais dos titulares de prédios rústicos ou urbanos, na medida em tais direitos de propriedade sofrem limitações e restrições, em especial no seu poder de demarcação, de usufruição e de disposição, em consequência de várias disposições legais conjugadas, nomeadamente: regras urbanísticas de alinhamento, zonamento, ambientais, constituição de servidões administrativas previstas no artigo 8.º do Código das Expropriações, etc..

Mormente, pelas regras vertidas na CRP: nos termos do artigo 65.º estipula-se que: *todos têm direito, para si e para a sua família, a uma habitação adequada (...) para assegurar o direito à habitação incumbe ao Estado: programar e executar uma política de habitação inserida em planos de ordenamento geral do território e apoiada em planos de urbanização que garantam a existência de uma rede adequada de transportes e de equipamento social; promover, em colaboração com as autarquias locais, a construção de habitações económicas e sociais; estimular a construção privada, com subordinação ao interesse geral, e o acesso à habitação própria ou arrendada."*

G – Ora no desenvolvimento dos preceitos constitucionais acima referidos, o Estado, através dos seus órgãos com competências legislativa e regulamentar (Assembleia da República, Governo, Regiões Autónomas e Autarquias Locais) têm vido a promover um conjunto de diplomas de conteúdo urbanístico, em especial o LBPOTU, o RGIT, o RJUE, etc., que sobrepõem o plano urbanístico e as suas regras ao "jus aedificandi".

H – Com efeito, o artigo 1305 determina que *"o proprietário goza de modo pleno e exclusivo dos direitos de uso, fruição e disposição das coisas que lhe pertencem, dentro dos limites da lei e com observância das restrições por ela impostas."*

Fernando Alves Correia (Plano Urbanístico – obra citada, pág. 373 e 374) diz: *"a leitura deste artigo leva-nos a supor que o C.C. inclui o jus aedificandi no direito de uso, que faz parte integrante do direito de propriedade, não obstante a sua subordinação aos limites da lei e às restrições por ela impostas. No conjunto das restrições legais ao direito de uso, costumam citar-se as restrições de direito público (Pires de Lima/Antunes Varela) e, dentro destas, as de natureza urbanística, nomeadamente as decorrentes das leis urbanísticas e dos planos (Oliveira Ascensão). Apesar de tudo, nos termos do artigo citado parecem indicar que, na perspectiva do CC, o jus aedificandi é parte integrante do direito de propriedade do solo."*

Mais claro no sentido da inclusão *jus aedificandi* no direito de propriedade do solo é, no entanto, o artigo 1344 do CC, cujo n.° 1 estabelece que a propriedade dos imóveis abrange o espaço aéreo correspondente à superfície, bem como o subsolo, com tudo o que neles se contém e não esteja desintegrado do domínio por lei ou negócio jurídico.

I – Depois de citar algumas opiniões de consagrados autores (Pires de Lima, Antunes Varela e Oliveira Ascenção) Alves Correia conclui (Plano Urbanístico – obra citada, pág. 376): *"Entendemos, por isso, que a questão que nos preocupa das relações entre direito de propriedade do solo e o denominado jus aedificandi deve ser resolvida numa perspectiva jus-publicista e tendo como ponto de partida o conceito constitucional do direito de propriedade e não o conceito do direito civil que, como sabemos, não são coincidentes.*

A nossa opinião vai no sentido de que do conceito de direito de propriedade privada do artigo 62.°, n.° 1 da Constituição não faz parte o jus aedificandi *como faculdade do proprietário do solo, nem aquele é tutelado directamente pela garantia constitucional da propriedade privada. Este mesmo entendimento é perfilhado pela nossa jurisprudência constitucional. Assim, no Acórdão do TC n.º 341/86 (DR II Série, n.º 65, de 19/03/87) afirma-se que, <u>no direito de propriedade constitucionalmente consagrado contém-se o poder de gozo do bem objecto do direito, sendo certo que não se tutela ali expressamente um jus aedificandi, um direito à edificação como elemento necessário e natural do direito fundiário.</u> Ora, se não se pode fundamentar o <u>jus aedificandi</u> directamente na garantia constitucional do direito de propriedade privada, a conclusão que se deve tirar é de que os pressupostos de existência e as condições de exercício daquele direito têm de ser encontrados no ordenamento jurídico urbanístico e estão dependentes do seu sistema de atribuição."*

J – Continuando o mesmo raciocínio, Alves Correia (mesma obra citada, pág. 377) coloca em equação em qual dos actos da Administração – *o acto de planificação urbanística ou o acto de aprovação dos projectos concretos de obras* – *se situa o momento constitutivo do direito de edificação. Pensamos que a resposta é diferente conforme exista ou não um plano urbanístico municipal com eficácia plurisubjectiva. Na primeira hipótese, o momento constitutivo do direito de construir encontra-se nas prescrições do plano respeitante ao zonamento do espaço. Na verdade, se o plano urbanístico não tiver destinado uma determinada área à edificação, o respectivo proprietário não poderá edificar e um projecto de obras que porventura viesse apresentar seria necessariamente recusado.(...)*

Mas se o terreno tiver sido classificado como de construção pelo zonamento do plano urbanístico municipal, ainda assim o proprietário que pretender construir está obrigado, por via de regra, a submeter à aprovação da câmara municipal o projecto de obras a solicitar a respectiva <u>licença</u> de construção (...) para que aquele órgão verifique não apenas a observância das disposições do plano urbanístico, mas também das normas do denominado direito administrativo de construção, designadamente as respeitantes à estética, segurança e salubridade das edificações."

K – Faz-se notar que estas considerações do Prof. Fernando Alves Correia são anteriores à actual legislação que regula a elaboração dos PDM e do RJUE, mas cujas regras urbanísticas não se afastam das anteriores, antes as aperfeiçoam.

IV – No estudo que fizemos das obras citadas em Bibliografia de Freitas do Amaral, também este catedrático considera a natureza jurídica do " *jus aedificandi*" nas suas principais teses, a <u>privatista</u> e a <u>publicista</u>, citando Oliveira Ascensão, Marcelo Rebelo de Sousa, Jorge Miranda, João Caupers, F. Alves Correia e outros, com quem concorda umas vezes e discorda outras vezes, pelo que, *com o devido respeito, nos ficamos com a opinião F. Alves Correia por nos parecer muito bem sustentada* .

V – No preâmbulo do RJIGT (D.L. n.º 380/99, de 22 de Setembro) pode ler-se: "*Primeiro foram estabelecidas as bases da política de ordenamento do território e de urbanismo, pela Lei 48/98, de 11 de Agosto, em cujo artigo 35.º se determinava a concretização do programa de acção legislativa complementar, definindo-se o regime de coordenação dos âmbitos nacional, regional e municipal do sistema de gestão territorial, o regime geral de uso do solo e o regime de elaboração, aprovação, execução e avaliação dos instrumentos de gestão territorial.(...)*

Tal desígnio foi definido pelo RJIGT onde se desenvolve o princípio da organização do sistema de gestão territorial num quadro de interacção coordenada regulando-se formas de coordenação das diversas intervenções públicas com impacte territorial.

A – Em traços gerais, poderemos dizer que foi o RJIGT que, na continuação do D.L. n.º 69/90, de 2 de Março, veio estabelecer as regras dos planos urbanísticos municipais, mormente o Plano Director Municipal, que hoje é a espinha dorsal do plano urbanístico, que "*favorece uma correcta hierarquia e composição dos interesses (públicos e privados) envolvidos na planificação urbanística (...)* (Luís Colaço Antunes, obra citada, pág. 140).

Ainda o mesmo autor (pág. 141): "*Um outro problema não omitido, com repercussões na própria funcionalidade da execução dos planos, é o da exigência de uma correcta política de solos, de forma a permitir uma oferta temporalmente adequada do solo urbano e urbanizável (a preços razoáveis). Trata-se de uma questão da maior centralidade, com implicações graves ao nível das técnicas indemnizatórias e perequativas (vejam-se por exemplo, os artigos 133.º/c) e 137.º do D.L. n.º 380/99), como da própria exequibilidade financeira dos instrumentos de gestão territorial*".

Como reconhece o mesmo autor (obra citada, pág. 174): "*No último ponto deste capítulo, convocamos de novo, agora com mais detalhe, as limitações ao plano e à sua discricionariedade pelas normas jurídicas sobre utilização do solo, com particular saliência para o regime jurídico da Reserva Agrícola Nacional (RAN) Reserva Ecológica Nacional (REN) e das Áreas Protegidas*."

B – No mesmo sentido, Fernando Alves Pereira (As Grandes Linhas da Recente Reforma do Direito do Urbanismo Português, pág. 54), também ele opina que*: "os Planos não podem contrariar A RAN e a REN*."

Mais adiante (pág. 66) refere que também*: "o código das expropriações é um instituto cujo âmbito de aplicação ultrapassa claramente o domínio do urbanismo."*

Recorde-se que o código de expropriações seja para acautelar interesses urbanísticos e operacionalidade dos respectivos planos, seja para permitir a realização de obras de interesse público (redes vária, ferroviária, eléctrica, etc.) impõe sempre o dever de indemnizar os particulares, o que deriva de outra garantia constitucional.

C – Em síntese, concordando com Fernando Alves Correia, as regras vertidas no Plano Urbanístico o *"conceito de direito de propriedade privada do artigo 62.º, n.º 1 da Constituição não faz parte o jus aedificandi como faculdade do proprietário do solo, nem aquele é tutelado directamente pela garantia constitucional da propriedade privada"*.

VI – A que espécie de tornas estará o legislador a referir-se? Em dinheiro? Parece que sim, numa leitura apenas da letra da lei. Mas, com o devido respeito, dentro do espírito da lei e na leitura conjugada com outra legislação urbanística será de admitir que também as tornas em espécie serão possíveis, como veremos adiante.

A – Suponhamos que uma determinada AUGI foi delimitada abrangendo mais do que um prédio, o que cai na previsão do artigo 1.º da lei, e há muitas AUGI que integram mais do que um prédio. Qualquer edilidade o poderá fazer, visto que são os municípios que detêm o poder decisório sobre o ordenamento do seu território, embora com as limitações decorrentes dos vários diplomas legais que tratam da matéria urbanística em Portugal.

B – Vamos então imaginar que uma certa AUGI é composta por um conjunto de prédios rústicos parcelados em avos ilegalmente, onde um desses prédios é o escolhido preferencialmente para a implantação de espaços verdes, escolas ou outros equipamentos colectivos, pela sua situação no âmbito da respectiva AUGI, pelo declive do solo, pela natureza do terreno que pode estar afecto à REN ou RAN, ou por qualquer outra razão de natureza urbanística, pelo que nesse prédio não é possível implantar tantos lotes quantos os titulares de quotas indivisas ou mesmo de lotes destacados (lotes de terreno rústico, refira-se mais uma vez). Por sua vez, num dos restantes prédios, foi possível diminuir as áreas iniciais das parcelas adquiridas e implantar nele mais lotes do que os inicialmente previstos, com a finalidade de compensar algum comproprietário do prédio abrangido para implantação de zonas verdes, etc..

C – É óbvio que uma das soluções possíveis é o comproprietário não cabimentado no prédio onde tem uma quota indivisa receber como tornas um lote num outro prédio integrante da AUGI onde foi possível satisfazer a sua expectativa. Numa situação destas poderá voltar a colocar-se a legitimidade da assembleia de comproprietários para adjudicar um lote num prédio onde o tal comproprietário não possuía qualquer direito. A resposta terá que ser a mesma, a Lei 91/95 é uma lei substantiva e especial que se sobrepõe à lei geral, por razões de interesse público, e preconiza a forma de deliberar pelo colectivo de comproprietários .

VII – Iguais interrogações podem surgir ao conservador do registo predial para aceitar a inscrição de um comproprietário como titular de um lote implantado numa descrição predial onde não tinha qualquer quota indivisa. Mas aqui a situação ainda levantará menos dúvidas, visto que as regras registrais são adjectivas. Pois se o órgão municipal orientou e autorizou o loteamento nas condições que entendeu por urbanisticamente mais correctas, salvaguardando o interesse público em conciliação com a vontade maioritária dos comproprietários, tudo em conformidade com as regras de direito substantivas e especiais, não se vê razão para que as regras adjectivas do registo predial se sobreponham aqueloutras.

A – Com efeito, *"a autorização de loteamento sobre uma área constituída por vários prédios pertencentes a proprietários diversos é um facto jurídico de que deriva o estabelecimento de relações jurídicas complexas, entrelaçadas umas nas outras, que não se podem separar sem perturbar a identidade do conjunto urbanizável"* (cfr. *Oliveira Ascensão, direitos reais, 1971, pag. 187, 189 e seg. – in Crp – 5.ª edição, 1992, anotado por Isabel Pereira Mendes – pag. 194*).

Nesta mesma obra citada (pag. 198), e sobre uma consulta formulada por uma Sr.ª Conservadora do Registo Predial ao Conselho Técnico da D.G.R.N. sobre o n.º 5 do artigo 17 do D.L. 400/84, de 31 de Dezembro, sobre loteamentos urbanos, respigámos os seguintes passos do parecer daquele Conselho Técnico:

"Não faria sentido que a lei substantiva possibilitasse uma autorização de loteamento e que o direito registral predial, de forma abstracta e genérica, inviabilizasse o seu registo".

"O licenciamento das operações de loteamento é titulado pelo respectivo alvará, nos termos do qual o loteamento não incide sobre cada um dos prédios dos consortes, mas sobre uma realidade predial distinta. Esta é constituída por um outro prédio, formado pela anexação de todos aqueles."

"Para se fazer o loteamento sobre o conjunto tiveram que perder individualidade própria todos e cada um dos prédios que o compõem."

"De contrário, não se entenderia como é que se admite que se estaria a lotear cada um desses prédios de per si, quando é certo que algum deles pode vir a ser transformado, por inteiro, numa praça ou numa piscina. É caso para dizer que desse loteamento não resultaria qualquer lote."

"...a área a lotear constitui uma unidade – e assim é tratada pela Administração, ao licenciar, e pelos próprios interessados, ao executarem, as operações de loteamento, unitariamente"

"7 – Depois, é fácil resolver o assunto".

"Por um contrato inominado, outorgado através de uma escritura pública, todos os interessados fixam as condições em que vão submeter o prédio a loteamento: entradas de cada um; lotes que lhes vão ser adjudicados; partes que ficam em comum."

B – A autora e anotadora da obra referida não concorda com todo o conteúdo do parecer do Conselho Técnico, que não transcrevemos na íntegra, assim como não transcrevemos a fundamentação da parte discordante. Todavia, pensamos que o parecer do Conselho Técnico que transcrevemos aplica-se que nem uma luva ao caso das AUGI, com as adaptações necessárias à formação da vontade dos comproprietários. No caso das AUGI, a área a lotear também constitui uma unidade mesmo que formada por mais do que um prédio, mas a execução das operações de loteamento bem como a formação da vontade dos comproprietários não precisa de ser unitariamente, a Lei 91/95 conforma-se com a maioria, simples ou absoluta, conforme determinam os seus artigos 9, 10, 11 e 12. Logo, se a assembleia de comproprietários delibera por maioria absoluta a adjudicação dos lotes aos diversos comproprietários, alguns desses lotes adjudicados por tornas conforme as razões supra invocadas, e se consubstancia a sua deliberação para divisão da coisa comum em termos de escritura pública ou de decisão judicial transitada em julgado, estão satisfeitos os requisitos legais indispensáveis para ser requerida e lavrada a inscrição dos lotes da AUGI a favor de cada um dos comproprietários.

C – Em síntese: o n.º 2 deste artigo permite tornas em dinheiro se o interessado der o seu consentimento expresso em documento autêntico ou autenticado; fazendo outro tipo de leitura, admitimos também tornas em espécie, por exemplo recebendo lotes noutros prédios que integram a AUGI, de acordo com o princípio de perequação que desenvolvemos em anotações ao artigo 40.º.

Sobre o assunto, ver também artigo 1.º, n.º 5 e respectivas anotações.

VIII – Aspecto que pode ficar em aberto, é o direito de indemnização que restará para algum comproprietário que fique prejudicado. É uma questão que também está prevista no D.L. 804/76, de 5 de Novembro, que possibilita a expropriação pela Administração (central ou local) com vista à alteração do uso ou da ocupação dos solos para fins urbanísticos, quando não sejam possíveis acordos com a maioria significativa dos proprietários (Ver notas **II** e **III** ao artigo 34).

Artigo 38.º
Divisão

1 – A divisão por acordo de uso opera-se mediante deliberação da assembleia de comproprietários convocada para o efeito, nos termos da presente lei.

2 – A impugnação da deliberação que haja aprovado o projecto de divisão restringe-se aos lotes objecto de controvérsia e é também proposta contra os interessados a quem esses lotes são atribuídos.

3 – O interessado que impugnar judicialmente a deliberação deve apresentar no cartório notarial respectivo ou, sendo caso disso, no notário privativo da câmara municipal, no decurso do prazo de impugnação, certidão de teor do articulado ou duplicado deste com nota de entrada na secretaria judicial, sob pena de a realização da escritura de divisão não poder ser recusada com base nessa impugnação.

4 – Decididas as impugnações ou decorrido o prazo para a sua proposição, a comissão de administração outorga escritura na qual declara, em nome de todos os interessados, divididos os lotes nos termos do projecto de divisão aprovado na assembleia e das alterações resultantes das decisões das acções de impugnação, se for esse o caso.

5 – A escritura é realizada no cartório notarial ou no notário privativo da câmara municipal, mencionados no n.º 6 do artigo 12.º, sob pena de nulidade.

6 – Sem prejuízo do disposto no artigo 173.º do Código do Notariado, não pode ser recusada a prática do acto com base em irregularidade da convocatória ou da acta da assembleia que não tenha sido objecto de impugnação dos interessados.

7 – Ficam especialmente arquivados os Seguintes documentos:

a) Fotocópia certificada da acta da assembleia;

b) Os mencionados no n.º 8 do artigo 11.º;

c) Atestado da junta de freguesia confirmando as afixações legais e que os documentos referidos na alínea anterior estiveram disponíveis para consulta, nos termos estabelecidos nesta lei;

d) Exemplares do jornal onde foram realizadas as publicações legais;

e) Certidões judiciais relativas às eventuais impugnações propostas;

f) Os documentos que tenham sido elaborados nos termos e para os efeitos do n.º 2 do artigo 37.º

8 – Deve ser integrada na escritura qualquer menção em falta nos documentos arquivados e que constitua requisito especial para efeitos de registo predial.

NOTAS:

I – Pela 1.ª alteração (Lei n.º 165/99, de 14/9) o artigo 38 foi reformulado quase totalmente.

Pela 2.ª alteração (Lei n.º 64/2003, de 23/8) foram modificados os n.ºs 2, 3 e 5, e ainda a al. a) do n.º 7 que tinham a seguinte redacção:

2 – A impugnação da deliberação que haja aprovado o projecto de divisão está sujeita a registo pelo impugnante e restringe-se aos lotes objecto de controvérsia e é também proposta contra os interessados a quem esses lotes estão atribuídos.

3 – O interessado que impugnar judicialmente a deliberação deve apresentar no cartório notarial respectivo e no decurso do prazo de impugnação certidão de teor do articulado ou duplicado deste com nota de entrada na secretaria judicial, sob pena de a realização da escritura de divisão não poder ser recusada com base nessa impugnação.

5 – A escritura é realizada no cartório notarial mencionado no n.º 6 do artigo 12.º, sob pena de nulidade.

a) Pública-forma da acta da assembleia;

II – *"Conforme determina o n.º 1, a divisão por acordo de uso opera-se mediante deliberação da assembleia de comproprietários".* Esta é uma das deliberações, prevista na al. h) do n.º 2 do artigo 10.º, que implica maioria absoluta, por força do n.º 2 do artigo 12.º.

Continuando a seguir M. Carvalho Matos (obra citada, pág. 152), "*a deliberação da divisão por acordo de uso será uma escritura confirmativa por escritura notarial, em que a comissão de administração não emite qualquer declaração de vontade, antes se limitando a trazer ao cartório notarial a posição assumida na assembleia de comproprietários, constante da respectiva acta.*"

III – A impugnação referida no n.º 2 é proposta contra a comissão de administração e contra os interessados dos lotes em controvérsia, deixando em tranquilidade os restantes interessados, sendo a mesma impugnação interposta no prazo de 60 dias, conforme determina o n.º 8 do artigo 12.º.

IV – *A competência da comissão de administração para outorgar a dita escritura está prevista no n.º 4.*

Pela redacção do n.º 4, a escritura deverá adjudicar também, aos respectivos interessados, os lotes que lhes foram atribuídos em termos de deliberação da assembleia que efectuou a divisão por acordo de uso nos termos do n.º 1, apesar das impugnações, embora a escritura possa vir a ser rectificada em conformidade com a decisão judicial que vier a ser proferida.

V – O artigo 173 do Código do Notariado tem a Seguinte redacção:
Artigo 173 – Recusas
1 – O notário deve recusar a prática do acto que lhe seja requisitado, nos casos seguintes:
Se o acto for nulo;
B) Se o acto não couber na sua competência ou ele estiver pessoalmente impedido de o praticar;
Se tiver dúvidas sobre a integridade das faculdades mentais dos intervenientes;
Se as partes não fizerem os preparos devidos.
2 – As dúvidas sobre a integridade das faculdades mentais dos intervenientes deixam de constituir fundamento de recusa, se no acto intervierem dois peritos médicos que garantam a sanidade mental daqueles.
3 – Quando se trate de testamento público ou de instrumento de aprovação de testamento cerrado ou internacional, a falta de preparo não constitui fundamento de recusa.

VI – A impugnação de assembleias de comproprietários segue o regime definido pelo artigo 396 e seguintes do CPC.

VII – Eventuais tornas na divisão de prédios das AUGI, ver artigo 43 e a sua nota **II**.

Sobre o n.º 5, ver nota **VI** ao artigo 12.º.

Artigo 39.º
Registo predial

1 – A assembleia a que se refere o artigo anterior pode ter lugar antes de efectuada no registo predial a inscrição do alvará de loteamento.

2 – A deliberação que aprova o acordo de divisão produz efeitos em relação ao comproprietário que tenha inscrito o seu direito após a publicação do aviso convocatório da respectiva assembleia.

NOTAS:

I – Pela 1.ª alteração (Lei n.º 165/99, de 14/9) foi totalmente reformulado o artigo 39 que tinha a seguinte redacção:
As inscrições de aquisição fundadas em divisão por acordo de uso são instruídas com os seguintes documentos:
  a) Título da reconversão, que pode ser o alvará de loteamento ou a certidão do plano de pormenor de reconversão;
  b) Acta da assembleia referida no artigo anterior;
  a) Prova da entrega na repartição de finanças do documento que constitui o título da reconversão.

Pela 2.ª alteração (Lei n.º 64/2003, de 23/8) foi modificado o n.º 1, que tinha a seguinte redacção:
1 – A deliberação da assembleia e a escritura a que se refere o artigo anterior podem ter lugar antes de efectuada no registo predial a inscrição do alvará de loteamento.

II – O comando do n.º 2 visa facilitar a tarefa registral, na medida em que, por vezes, são feitas transmissões de direitos entre as datas da publicação da convocatória da assembleia para a deliberação que aprova o acordo de divisão e o registo individual dos lotes após a respectiva escritura de divisão da coisa comum.

III – Não obstante a vontade de simplificar do legislador, com realce especial para o n.º 5 do artigo 20.º, é no registo predial (felizmente só em algumas das Conservatórias) que se encontram maiores dificuldades.

Numa determinada Crp do Distrito de Lisboa, em concordância com equipa técnica (juristas, arquitectos e engenheiros) do município da área da situação dos prédios de uma AUGI, quando o autor deste trabalho pretendeu, previamente à emissão do alvará de loteamento da dita AUGI, obter uma opinião da Senhora conservadora do registo predial, para evitar a recusa de registo do mesmo alvará e eventuais alterações sempre demoradas, e tendo em vista preparar a escritura de divisão da coisa comum, respondeu a Senhora conservadora: "*a câmara municipal que redija o alvará como muito bem entender que eu, na altura própria, aferirei da sua conformidade com as regras registrais.*"

Esta atitude está em total contradição com a regra do n.º 5 ao artigo n.º 17.º-A, onde se prevê, a propósito de informação prévia a prestar pela câmara municipal, o dever de apresentar uma solução em caso de indeferimento; e está também em confrontação com o preceito do n.º 5 do artigo 20.º, relativamente aos pareceres da câmara municipal total ou parcialmente desfavoráveis que, para além de serem fundamentados, deverão ser acompanhados de uma solução que permita o deferimento da pretensão.

Pela falta de colaboração da Senhora conservadora, o dito alvará sofreu cinco alterações antes de ser autorizado o seu registo, sendo que a última alteração exigida foi para que a câmara municipal anotasse no alvará em causa que a taxa de emissão do mesmo tinha sido devidamente cobrada. Para além de falta de colaboração, a Senhora conservadora imiscuiu-se em tarefas de fiscalização que não lhe diziam respeito. O artigo 72.º do Crp, apenas estabelece obrigatoriedade aos serviços do registo predial para verificar o pagamento de encargos de natureza fiscal, o que nada tem a ver com a taxa de emissão de alvará que é uma receita do município.

Claro que a partir daquela data, sempre que houve recusa de registos, o autor recorreu hierárquica ou contenciosamente dos despachos da mencionada conservadora, tendo sempre obtido pareceres total ou parcialmente favoráveis do Conselho Técnico do Instituto dos Registos e do Notariado, que acolhiam e ou adiantavam soluções para as questões que a conservadora não acatava. Felizmente que este parece ser um caso único de falta de colaboração, em termos de registo predial, pois as experiências com outras conservatórias sempre foram de total e franca colaboração para encontrar soluções para as questões mais controversas, antes da emissão dos alvarás de loteamento e da divisão da coisa comum.

Mas a solução de recurso traz diversos inconvenientes, pelo tempo que demora na obtenção de uma decisão, (quase sempre mais do que um ano) deixando os comproprietários sem solução para os seus problemas, apesar da bondade das normas legais que o legislador tem procurado encontrar.

Ver notas **II** ao artigo 17.º-A e **III** ao artigo 20.º.

SECÇÃO II
Divisão judicial

Artigo 40.º
Regime

As acções de divisão de coisa comum de prédios em regime de compropriedade que integrem uma AUGI regem-se pelas disposições seguintes e, subsidiariamente, pelo disposto no Código de Processo Civil.

NOTAS:

I – Pela 1.ª alteração (Lei n.º 165/99, de 14/9) foi totalmente reformulado o artigo 40 que tinha a seguinte redacção:
1 – O processo de divisão judicial dos prédios em regime de compropriedade que integrem a AUGI rege-se pelos artigos 1052.º, 1053.º e 1059.º do Código de Processo Civil, salvo no que é especialmente previsto nas disposições Seguintes.
2 – Havendo contestação, seguem-se os termos do processo sumário, independentemente do valor.

II – A alteração produzida não acrescentou nada de substancial, apenas generalizou por existirem outras regras do CPC que podem ser aplicadas.

III – Também a divisão judicial tem sido um quebra-cabeças com a mesma Crp, cuja Senhora Conservadora apenas se preocupa em aplicar a lei registral, esquecendo-se que esta lei é apenas uma das várias "fontes" de direito a aplicar. Vejamos mais um caso concreto:
A – Na AUGI do Bairro das Maroitas Norte, freguesia de S. João da Talha, concelho de Loures, integrada por três prédios na sua totalidade e outro prédio parcialmente, com um total de 154 lotes, a assembleia de comproprietários deliberou, por maioria absoluta, aprovar o projecto de divisão da coisa comum, nos termos da al. h) do n.º 2 do artigo 12.º, conjugadamente com o n.º 2 do artigo 12.º; deliberando ainda recorrer à divisão judicial, nos termos do artigo 40.º, por ter havido impugnação da referida assembleia por parte de alguns comproprietários, presumindo-se que os mesmos se iriam opor à divisão por acordo de uso. Outra razão para a opção da divisão judicial, tinha que ver com questões de tornas, pois alguns dos comproprietários da AUGI em causa, de acordo com o projecto de divisão da coisa comum, iriam receber lotes, em regime de tornas, em prédios

onde não tinham inscrições em vigor, na medida em que os prédios onde tinham inscrições em vigor foram sujeitos a uma diminuição de área para construção, de modo a poderem ser acolhidas áreas destinadas a inserção de zonas verdes, de equipamentos de utilização colectiva e de estacionamento. A deslocação de direitos dos comproprietários para outros prédios da mesma AUGI teve o acordo da equipa técnica da câmara municipal da área que tinha competência para tal, pois esta era a melhor solução em termos de enquadramento urbanístico, nos termos da legislação aplicável em vigor.

B – Após a entrega em Tribunal da petição inicial (p.i.)de divisão judicial, foi apresentada a registo a dita acção de divisão, em conformidade com o determinado na al. a) do n.º 1 do art. 3.º do Crp. O requerimento para registo da acção foi feito pela ap. n.º 27, em 13/7/2001, o que foi recusado por despacho da primeira ajudante em exercício, em 16 de Agosto de 2001, com o fundamento de que " *a acção de divisão da coisa comum não está sujeita a registo. A p.i. visa a divisão de coisa comum ao abrigo da Lei 91/95, de 2 de Setembro, e a sua procedência é que determinará os factos jurídicos a registar. Art.º 3 n.º2, 34, 68 e 69 n.º1 (…?) Crp"*.

C – Na altura, entendeu-se por conveniente não recorrer do dito despacho de recusa, pois tal recusa não prejudicava a marcha do processo judicial de divisão da coisa comum, conforme referido no acórdão do Tribunal da Relação de Coimbra, de 23 de Novembro de 1999, que decidiu " *o registo provisório da acção não é obstáculo legal ao prosseguimento da causa, nos termos do art.º, n.º 2, do C.R. Predial, devendo aquela prosseguir logo que efectuado aquele registo ou comprovada a recusa do Conservador (Col. Jur., Ano XXIV – 1999 – Tomo V)"*.

Por outro lado, o Conselho Técnico da D.G.R.N. emitiu em 28/4/1988, no âmbito do Proc. 16/88, as conclusões seguintes:

"I – A adjudicação do prédio em acção de divisão comum constitui título bastante para o registo de aquisição do prédio em favor do adjudicatário.

II – A falta do prévio registo da acção respectiva não constitui fundamento de recusa desse registo, nem da sua efectuação com carácter de provisoriedade por dúvidas.

D – Conforme previsto, houve contestação da divisão judicial pelo do tal grupinho de comproprietários, o que implicou a conferência de interessados prevista no n.º 10 do artigo 41.º e n.º 1 do artigo 42.º, tendo sido obtido acordo entre autores e réus oponentes sobre os lotes objecto de controvérsia, a que se seguiu a prolação da sentença de divisão da coisa comum.

Assim, na posse da Certidão da dita sentença transitada em julgado, foi requerido o registo de alguns dos lotes da AUGI em causa, os quais foram recusadas pela Senhora conservadora do registo predial (por despacho de 2/1/2007) com os fundamentos seguintes (transcrevemos apenas os mais importantes):

– *"No caso presente, a acção de divisão, entendendo-se que está sujeita a registo, não foi registada. O art. 39.° da Lei das Augi só tem aplicação na divisão por acordo de uso que se opera por escritura pública a lavrar mediante a apresentação, entre outros documentos, da deliberação da assembleia de comproprietários."*

– *"Nessa acção têm de ter intervenção todos os interessados – titulares inscritos – tomando-se (...) o estatuído no n.° 8 do artigo 41, que manda seguir o regime dos n.°s 1 e 2 do art. 271 do CPC, no caso de se verificar a substituição por sucessão, conferindo-se oponibilidade da decisão aos herdeiros do falecido."*

– *"De acordo com um princípio estruturante do registo predial, não é possível, por divisão, registar-se a favor de qualquer interessado, um lote a desanexar dum prédio em que não seja titular, mesmo afirmando-se que o recebe em pagamento de tornas."*

E – Como era inevitável, a recusa de registo foi oportunamente impugnada através de recurso hierárquico redigido e estruturado em 20 folhas A-4, onde foi argumentado que a Senhora conservadora estaria a fazer mau uso da lei e do direito:

– No caso da falta de registo, era evidente que a mesma conservatória do registo predial não poderia ter dois critérios diferentes para a mesma questão: a primeira vez (através de despacho da Senhora primeira ajudante) recusou o registo da acção por o mesmo não ser obrigatório; na segunda vez (por despacho da própria Senhora conservadora) recusava-se o registo dos lotes a favor dos adjudicatários porque a acção não tinha siso registada (ficámos perante o rifão popular: "<u>preso por ter cão, preso por não ter cão</u>").

– Na questão das tornas em lotes nos prédios vizinhos, os fundamentos utilizados pela comissão de administração no recurso hierárquico foram os mesmos acolhidos pelo Tribunal que proferiu a sentença onde foram adjudicados os lotes, ou seja o princípio da perequação, previsto RJIGT, como veremos na nota seguinte que respigámos do mencionado recurso hierárquico:

IV – **O** princípio da perequação, em nossa opinião, pode ser aplicado na divisão da coisa comum, em especial na adjudicação de lotes como tornas, de acordo com as regras conjugadas da Lei das AUGI, do RJUE e do RJIGT.

A – Quanto à lei das AUGI, transcrevemos:
Artigo 4.° – *Processo de reconversão urbanística*
N.° 2 – *Os loteamentos e planos de pormenor previstos no número anterior regem-se pelo disposto na presente lei e, subsidiariamente, pelas disposições do*

Decreto-Lei n.º 555/99, de 16 de Dezembro, com a redacção que lhe foi dada pelo Decreto-Lei n.º 177/2001, de 4 de Junho, e pelas disposições do Decreto-Lei n.º 380/99, de 22 de Setembro.

B – Sobre o segundo dos diplomas referidos (RJUE), vejamos a definição de operações de loteamento vertida na al. i) do n.º 1 do artigo 2.º:

"i) «Operações de loteamento» as acções que tenham por objecto ou por efeito a constituição de um ou mais lotes destinados, imediata ou subsequentemente, à edificação urbana e que resulte da divisão de um ou vários prédios ou do seu reparcelamento;"

C – Relativamente ao terceiro diploma (RJIGT), transcrevemos as disposições seguintes:

Artigo 118.º – Princípio geral

1 – O município promove a execução coordenada e programada do planeamento territorial, com a colaboração das entidades públicas e privadas, procedendo à realização das infra-estruturas e dos equipamentos de acordo com o interesse público, os objectivos e as prioridades estabelecidas nos planos municipais de ordenamento do território, recorrendo aos meios previstos na lei.

(...)

Artigo 120.º – Delimitação das unidades de execução

1 – A delimitação de unidades de execução consiste na fixação em planta cadastral dos limites físicos da área a sujeitar a intervenção urbanística e com identificação de todos os prédios abrangidos.

2 – As unidades de execução deverão ser delimitadas de forma a assegurar um desenvolvimento urbano harmonioso e a <u>justa repartição de benefícios e encargos pelos proprietários abrangidos</u>, devendo integrar as áreas a afectar a espaços públicos ou equipamentos previstos nos planos de ordenamento.

(...)

Artigo 129.º – Reestruturação da propriedade

1 – Quando as circunstâncias previstas no artigo anterior se verifiquem em relação a um conjunto de prédios de diversos proprietários, pode o município promover o sistema de cooperação ou o sistema de imposição administrativa, bem como apresentar uma proposta de acordo para estruturação da compropriedade sobre o ou os edifícios que substituírem os existentes.

(...)

Artigo 131.º – Reparcelamento do solo urbano de acordo com as disposições do plano

2 – São objectivos do reparcelamento:

a) Ajustar às disposições do plano a configuração e o aproveitamento dos terrenos para construção;

b) Distribuir equitativamente, entre os proprietários, os benefícios e encargos resultantes do plano;

c) Localizar as áreas a ceder obrigatoriamente pelos proprietários destinadas à implantação de infra-estruturas, espaços e equipamentos públicos.

3 – A operação de reparcelamento é da iniciativa dos proprietários, directamente ou conjuntamente com outras entidades interessadas, ou da câmara municipal, isoladamente ou em cooperação.

Artigo 132.º – Critérios para o reparcelamento

3 – O cálculo do valor dos lotes ou parcelas resultantes do processo de reparcelamento deverá obedecer a critérios objectivos e aplicáveis a toda a área objecto de reparcelamento, tendo em consideração a localização, dimensão e configuração dos lotes.

4 – Sempre que possível deverá procurar-se que os lotes ou parcelas se situem nos antigos prédios dos mesmos titulares ou na sua proximidade.

Artigo 135.º Direito à perequação

Os proprietários têm direito à distribuição perequativa dos benefícios e encargos decorrentes dos instrumentos de gestão territorial vinculativos dos particulares.

D – Continuando a fundamentação do recurso hierárquico, utilizando doutrina dos especialistas abaixo mencionados:

A noção de loteamento, de acordo com a al. i) do artigo 2.º do RJUE, "<u>abrange agora, tendencialmente, todas as operações de transformação ou recomposição fundiária, que podem ser agrupadas em três categorias que a seguir indicamos:</u>
 – **loteamentos em sentido estrito** *(divisão jurídica em lotes de um prédio);*
 – **Emparcelamentos** *(unificação de vários prédios num só lote);*
 Reparcelamentos *(<u>transformação fundiária</u> de <u>vários prédios</u> em <u>vários lotes</u>, quer o número de lotes seja superior ao número de prédios pré-existentes, quer seja inferior – excluindo a situação do emparcelamento).*"

(Correia, Fernando Alves, António Moreira Barbosa de Melo, Mestres Fernanda Paula Oliveira, Dulce Margarida de Jesus Lopes e Joana Maria Pereira Mendes – Direito do Urbanismo e Autarquias Locais, pág. 84).

Continuam estes professores e mestres (obra citada, pag. 85 e 86, nota de roda pé n.º 75):

"No regime anterior (Dec. Lei n.º 448/91, de 29 de Novembro) *a lei referia que o loteamento podia incidir sobre um ou vários prédios. No entanto, a*

divisão que recai sobre vários prédios (que tanto pode pertencer ao mesmo ou a distintos proprietários) objectivamente, a verdadeiras operações de reparcelamento (que implicam, como veremos, um reordenamento da divisão dos prédios), distinguindo-se das operações de loteamento em sentido restrito."

Ainda os mesmos autores (obra citada, pág. 97):

"O reparcelamento urbano é uma operação urbanística de transformação fundiária que ocorre sempre que estejam em causa vários prédios e através da qual se altera a divisão inicial (aumentando ou diminuindo o número de lotes, desde que, neste último caso, não se trate da constituição de um só lote, visto que aí estaremos já perante uma operação de emparcelamento)

Cabe, dentro desta noção genérica, não só, mas também, a operação de reparcelamento prevista no RJIGT como instrumento de execução dos planos municipais de ordenamento do território (artigo 131.° e ss).

(..)

Trata-se de uma operação que envolve simultaneamente o agrupamento de terrenos localizados dentro de perímetros urbanos delimitados em plano municipal de ordenamento do território (emparcelamento) e a sua posterior divisão ajustada àquele ("loteamento"), com a adjudicação dos lotes ou parcelas resultantes aos primitivos proprietários (n.° 1 do artigo 131.° do RJIGT.

Apesar de o reparcelamento implicar uma operação de emparcelamento e uma operação sucessiva de loteamento, não estamos perante duas operações distintas, mas de uma só. De facto, os emparcelamentos, os loteamentos e os reparcelamentos são operações urbanísticas distintas, sendo a última delas a mais complexa, pois envolve, na mesma operação, as duas primeiras.

Ao afirmarmos que se trata apenas de uma só operação, queremos significar que a administração municipal não tem primeiro de licenciar/autorizar o emparcelamento e depois licenciar/autorizar o loteamento. No caso do reparcelamento, o órgão municipal competente apenas tem de apreciar um projecto, que envolve simultaneamente, e de uma forma sucessiva, aquelas duas operações, licenciando-o ou autorizando-o, conforme o caso".

E – Apesar das referências que fizemos nos artigos citados aos termos *"emparcelamento"* e *"reparcelmento"*, estamos apenas a exemplificar em abstracto com normas que podem ser utilizadas para aplicação do princípio da perequação nos loteamentos da iniciativa dos particulares, para tentar justificar que este mesmo princípio da perequação poderá ser aplicado no caso das AUGI, sem necessidade de recorrer a qualquer emparcelamento ou reparcelamento. Isto na medida em que a câmara municipal, ao fazer a delimitação de uma AUGI composta por mais do que um prédio e aprovar o respectivo projecto de loteamento, está a fazer o emparcelamento para aquela área em termos urbanísticos (não em termos de direitos reais). Por sua vez a assembleia de comproprietários, ao basear-se no projecto de loteamento aprovado pela autoridade administrativa com poderes para tal, poderá aprovar o projecto de divisão da coisa comum adjudicando os lotes resultantes do mencionado loteamento: aos comproprietários que têm a sua quota-parte inscrita no prédio mãe inserido na AUGI de onde foram desanexados os respectivos lotes; assim como aos comproprietários da mesma AUGI, em termos de tornas de lotes a desanexar de prédios confinantes ou próximos dos prédios onde os comproprietários têm os seus direitos inscritos, os quais por razões urbanísticas não puderam ser quinhoados nos ditos prédios onde têm os seus direitos inscritos. Isto com o devido respeito por opinião em contrário. Porque o legislador, ao conceder excepcionalmente os poderes de aprovar o projecto de divisão da coisa comum por maioria absoluta, nos termos conjugados do n.º 2 do artigo 12.º e da al. h) do n.º 2 do artigo 10.º, admitiu uma derrogação dos direitos reais previstos no art.º 1305 do Código Civil relativamente aos restantes comproprietários, conforme melhor detalhámos na nota V ao artigo 12.º. Isto sem excluir o poder de impugnação que assiste aos comproprietários que não se conformarem, conforme previsto no n.º 8 do artigo 12.º.

Em síntese, nos termos supra referidos, este tipo de tornas é admissível por três razões eminentemente de natureza jurídica: a legislação urbanística em vigor, tendo como referência o princípio da perequação, permite o mesmo tipo de tornas nos loteamentos da iniciativa dos particulares titulares de direitos reais devidamente demarcados; os titulares de direitos reais em avos adquiriam as suas parcelas, embora não demarcadas, através de escrituras públicas de forma perfeitamente legal; a lei das AUGI, sendo uma lei excepcional, prevê a aprovação do projecto de divisão da coisa comum pela maioria dos comproprietários.

Ver também nota **III-D-F-G-H** e nota **V**, ambas ao artigo 37.º.

F – Assim, no caso em apreço, tendo em atenção a doutrina expendida pelos citados especialistas em direito do urbanismo e autarquias locais, o alvará que titula a operação de loteamento da AUGI em causa tinha que ser um único. O município tinha e tem competência para aprovar o loteamento daquela AUGI, nos termos da legislação urbanística em vigor, impondo, dentro do perímetro da dita AUGI, os locais onde entendeu que melhor se situariam as parcelas para construção de equipamentos colectivos (visto que o loteador ilegal não teve a preocupação de salvaguardar áreas para esse efeito, como é o caso em apreço) o que implicou que alguns comproprietários só poderiam ser quinhoados com lotes em prédios próximos onde tinham os seus direitos em avos indivisos inscritos a seu favor (conforme previsão do n.º 4 do artigo 132 do RJIGT).

G – Igualmente, os comproprietários reunidos em assembleia-geral convocada para o efeito, nos termos legais, **podiam deliberar por maioria absoluta**, sobre a forma como desejavam realizar a divisão da coisa comum. Ora sabendo que nem todos podem levar lotes nos prédios onde tinham o seu direito inscrito em regime de compropriedade, sempre a assembleia é soberana sobre os critérios da sua decisão para a divisão da coisa comum, a consubstanciar em escritura pública por acordo de uso, ou em divisão judicial. Acrescente-se que, no caso em apreço, nem houve oposição de qualquer dos comproprietários que se poderiam considerar afectados.

O princípio da perequação deverá aplicar-se aos comproprietários da AUGI, designadamente na adjudicação de lotes nos prédios confinantes e próximos dos prédios onde têm os seus direitos inscritos, o que será um benefício em contrapartida dos encargos decorrentes dos instrumentos de gestão territorial vinculativos dos particulares, ou seja da afectação para equipamentos de parcelas de terreno do prédio onde detinham compropriedade.

H – A assembleia de comproprietários é o órgão que tem competência para aprovar a divisão da coisa comum, nos termos da al. h do n.º 2 do artigo 10.º da Lei 91/95, de 2 de Setembro, com as alterações que posteriormente lhe foram introduzidas.

Como foi dito na parte introdutória desta nota **IV**, o processo de reconversão urbanística das AUGI rege-se pelas disposições da Lei 91/95 e, subsidiariamente, pelas disposições do Dec. Lei n.º 555/99, de 16 de Dezembro, com a redacção dada pelo Dec. Lei n.º 177/2001, de 4 de Junho, e pelas disposições do Dec. Lei n.º 380/99, de 22 de Setembro.

Já o Dec. Lei n.º 804/76, de 6 de Novembro (que se mantém em vigor) no seu artigo 14.º preconiza que sejam facultados lotes em propriedade ou em direito de superfície aos possuidores de lotes ou construções situadas em áreas de construção clandestina.

Por sua vez, no artigo 135 do Dec. Lei n.º 380/99, de 22 de Setembro, preceitua-se que os proprietários têm direito à distribuição perequativa dos benefícios e encargos decorrentes dos instrumentos de gestão territorial vinculativos dos particulares.

Finalmente, o n.º 4 do artigo 132 RJIGT determina que:

"Sempre que possível deverá procurar-se que os lotes ou parcelas se situem nos antigos prédios dos mesmos titulares ou na sua proximidade".

Assim, tal princípio da perequação deverá será aplicado aos comproprietários das AUGI, pela conjugação das diversas disposições legais aplicáveis, pelo que não poderão ser recusados os registos de adjudicação de lotes em conformidade com o peticionado pela Administração Conjunta da AUGI e demais comproprietários. Petição que foi aceite pelo Tribunal, mesmo nas adjudicações de alguns lotes **em termos de tornas,** de acordo com o princípio da perequação devidamente equacionado, relativamente a cada um dos **Quatro prédios loteados pelo Alvará emitido pela Câmara Municipal de (...) em 17/9/2005,** nos termos da deliberação tomada por maioria absoluta na assembleia de comproprietários, realizada em 1/4/2001, conforme acta apensa à Acção Especial de Divisão da Coisa Comum.

V – Com base na súmula da fundamentação atrás mencionada, o Conselho Técnico do Instituto dos Registos e Notariado (P.° R.P. 68/2007 DSJ-CT) julgou o recurso hierárquico parcialmente procedente, concluindo em síntese:

"*A decisão final transitada em julgada proferida na acção especial de divisão de coisa comum instaurada no âmbito de uma AUGI é título para o registo de aquisição dos lotes na mesma adjudicados aos comproprietários inscritos dos prédios abrangidos pelo respectivo alvará de loteamento, em pagamento da quota indivisa de que eram titulares.*"

"*No caso particular visado na conclusão anterior, deve o conservador, no exercício da sua actividade qualificadora, verificar o cumprimento do princípio do trato sucessivo, na modalidade da continuidade das inscrições, relativamente a todos os comproprietários de todos os prédios abrangidos pela respectiva área de reconversão, atenta a unidade da causa aquisitiva, e não apenas em relação àqueles que se apresentam a requerer os respectivos registos a seu favor.*"

Na verdade, regista-se com agrado que a parte julgada procedente resolve todos os casos mais complexos recusados pela Senhora conservadora. Na parte não julgada procedente, alguns casos de erros materiais de áreas de lotes ou de confrontações, o C.T. sugere que tais erros deverão ser rectificados em declarações complementares dos comproprietários adjudicatários dos lotes.

Quanto a algumas situações de adquirentes de parcelas em avos no decurso do processo de divisão da coisa comum, também o C.T. aponta uma solução: "*in casu, o registo da correspondente acção, a decisão final em apreço não é oponível aos subadquirentes das quotas indivisas cujo registo se mostre efectuado em data posterior à da instauração da dita acção, não tendo nela intervindo, sem prejuízo de poderem os mesmos renunciar à protecção processual do n.° 3 do artigo 271 do CPC, assumindo os efeitos da sentença transitada em julgado com o pedido de registo a seu favor dos lotes que foram adjudicados ao alienante em concretização da sua quota na compropriedade.*"

Como se poderá verificar, o CT do IRN, acabou por suportar a primeira decisão da Crp proferida no despacho da Primeira Ajudante (*a acção de divisão da coisa comum não está sujeita a registo (...) a sua procedência é que determinará os factos jurídicos a registar*) acolhendo os argumentos aduzidos no recurso hierárquico pela administração conjunta, inclusive de que os erros materiais não seriam motivo de recusa mas de dúvidas a suprir por declarações complementares dos adjudicatários dos lotes, deixando sem qualquer suporte o despacho de recusa proferido pela Senhora Conservadora.

VI – Mas, não obstante as conclusões formuladas pelo CT do IRN sobre o processo que vimos comentando, a Senhora Conservadora não as acatou:

A – Quando foi requerido o registo definitivo das adjudicações dos lotes em causa, voltou a proferir outro despacho de recusa, alegando que a verificação do cumprimento do princípio do trato sucessivo, previsto no art. 34, n.º 2 do Crp, exige a intervenção simultânea de todos os titulares inscritos para poder ser lavrada nova inscrição definitiva (…) a favor dos comproprietários (não só a intervenção dos três que já apresentaram o requerimento de registo a seu favor).

B – Um dos requerentes impugnou contenciosamente para o Tribunal da comarca territorialmente competente, requerendo a revogação do dito despacho de recusa, contra-alegando em síntese que o novo despacho da conservadora, ao exigir a intervenção simultânea de todos os adjudicatários de lotes daquela AUGI para requerer os registos individuais, consubstanciava uma forma de tornar obrigatório o registo predial o que o Crp nunca previu até àquela data.

C – Em consequência, o Tribunal revogou por sentença o despacho de recusa, conforme requerido (Proc. 5131/08.6TCLRS – 1.º Juízo Cível) tendo a Senhora Conservadora recorrido da sentença para o Tribunal da Relação.

VII – Através do artigo 18.º do D.L. n.º 116/2008, de 4 de Julho, que aditou o artigo 6.º-A ao D.L. n.º 519-F/79, de 29/12, foi eliminada a competência territorial das conservatórias do registo predial, a partir do dia 1 de Janeiro de 2009, o que veio permitir aos interessados fazerem a apresentação das suas requisições de registo em qualquer serviço de registos do país.

A – Assim, face à eliminação da competência territorial, o autor sugeriu aos actuais mandatários dos proprietários dos 154 lotes desta AUGI (que temos vindo a relatar ao longo do articulado das notas **III** a **VI** deste artigo) que fizessem as apresentações a registo numa outra conservatória do registo predial de um concelho vizinho, cuja Senhora conservadora já fez o registo de alguns lotes da dita AUGI (em Maio de 2009), com base na certidão da sentença de divisão da coisa comum, pois também ela comunga do mesmo entendimento de que " *a acção de divisão da coisa comum não está sujeita a registo, mas a sua procedência é que determinará os factos jurídicos a registar*", conforme referência que fizemos constar na parte final da al. **B** da nota **III** ao presente artigo 40.º.

B – Deste modo, devido a um critério de interpretação muito discutível da primeira Senhora conservadora, os proprietários dos supra mencionados 154 lotes ficaram impedidos, durante dois anos e meio, de registar os seus lotes, de obter licenças de habitação de fogos construídos há décadas nos ditos lotes, ou de obter empréstimos bancários para construções novas ou para reabilitar as construções antigas, porque a falta de registo não permite utilizar os lotes como hipoteca voluntária a favor das instituições financeiras, nem permite fazer a transmissão dos lotes para filhos ou para terceiros.

Artigo 41.º
Processo

1 – A petição é instruída especialmente com o título de reconversão, o projecto de divisão proposto, o mapa de tornas, se a elas houver lugar, e ainda os documentos que habilitem o tribunal à decisão a que se refere o n.º 2 do artigo 42.º

2 – Com a petição e contestação são indicados todos os meios de prova.

3 – Os interessados são citados para contestar no prazo de 15 dias, sendo advertidos, no acto de citação, de que a falta de contestação importa a admissão dos factos alegados e do projecto de divisão proposto.

4 – A citação é efectuada por carta registada com aviso de recepção, presumindo-se que a residência do citando é a que consta da inscrição do seu direito no registo predial.

5 – Se o peso do duplicado da petição inicial e dos documentos que a acompanham exceder o limite estabelecido no regulamento para o serviço público de correios, a citação é acompanhada apenas da petição inicial e é feita com a advertência especial de que os duplicados dos documentos estão à disposição do citando na secretaria.

6 – Sendo devolvida a carta de citação, o tribunal ordena, oficiosamente e sem mais formalidades, a citação edital.

7 – A revelia é operante, independentemente da forma de citação e do valor da causa.

8 – A substituição por falecimento, mesmo em data anterior à propositura da acção, do titular de quota indivisa do prédio que continue

como tal inscrito no registo predial segue também o regime dos n.os 1 e 2 do artigo 271.º do Código do Processo Civil e não determina a suspensão da instância e a nulidade dos actos subsequentes.

9 – Sendo junta aos autos certidão do assento de óbito respectiva e se os respectivos herdeiros não promoverem simultaneamente a sua habilitação, é de imediato e oficiosamente ordenada a citação edital dos sucessores incertos da parte falecida, aplicando-se subsequentemente o disposto nos n.os 2 e seguintes do artigo 375.º do Código do Processo Civil.

10 – Decididas as questões suscitadas pelo pedido de divisão, realizar-se-á conferência de interessados para se fazer a adjudicação.

11 – É dispensado o louvado dos peritos para a composição dos quinhões.

12 – As custas do processo são suportadas pelos interessados na proporção do seu direito.

13 – As custas do processo são suportadas pelos interessados na proporção do seu direito, não sendo aplicável o disposto no n.º 1 do artigo 57.º do Código das Custas Judiciais.

NOTAS:

I – Pela 1.ª alteração (Lei n.º 165/99, de 14/9) os números 1 e 2 foram mantidos, os números 3, 4, 5 e 6 passaram respectivamente a 4, 6, 11 e 12, tendo a restante parte do artigo sido reformulada.

Pela 2.ª alteração (Lei n.º 64/2003, de 23/8) foi aditado o n.º 13, tendo sido modificados os n.ºs 3, 8 e 9 que tinham a seguinte redacção:

3 – Os interessados são citados para contestar no prazo de 15 dias, sendo advertidos, no acto de citação, de que a falta de contestação importa a condenação no projecto de divisão proposto.

8 – O falecimento em data anterior à propositura da acção de titular de quota indivisa do prédio que continue como tal inscrito no registo predial e a substituição das partes por sucessão na relação substantiva já em litígio seguem também o regime dos n.os 1 e 2 do artigo 271.º do Código de Processo Civil e não determinam a suspensão da instância e a nulidade dos actos subsequentes, sendo a decisão da causa sempre oponível aos herdeiros do falecido.

9 – Se houver contestação, o juiz, produzidas as provas necessárias, profere logo decisão sobre as questões suscitadas pelo pedido de divisão, aplicando-se o disposto no artigo 304.° do Código de Processo Civil; da decisão proferida cabe apelação, que subirá nos próprios autos e com efeito suspensivo.

II – Em anotação à 2.ª edição defendemos que para a instrução da petição não era obrigatória a junção do alvará de loteamento, o que se exigia **seria a certidão administrativa de aprovação do projecto de loteamento**, pois se o legislador tivesse o entendimento de que seria necessário o alvará, teria utilizado uma redacção como a que utilizou na primeira parte do n.° 1 do artigo 37 que refere a palavra **alvará**, enquanto no n.° 1 do artigo 41 se utiliza a expressão **o título de reconversão**, ou seja, o legislador ao servir-se das palavras com significados não coincidentes, quis utilizar um critério mais flexível para os documentos a instruir a p.i., visto que o **alvará** é muito mais abrangente.

Sendo certo que só o alvará confere eficácia jurídica ao loteamento aprovado, poderia o legislador querer simplificar métodos de divisão, criando normas mais expeditas do que as que constam no Código do Processo Civil.

Com o aditamento do n.° 2 ao artigo 2.°, fazemos agora a leitura de que o direito de exigir a divisão só poderá operar mesmo após a emissão do **alvará**. Assim, para os processos de divisão judicial em curso, o juiz do processo poderá aceitar a marcha do processo até à fase da conferência de interessados, inclusive, sustando a decisão final para depois da emissão e apensação do alvará de loteamento ao processo em curso.

III – A petição inicial da acção de divisão da coisa comum está sujeita a registo, nos termos do artigo 3.° do Crp, tendo em vista acautelar a segurança do comércio jurídico imobiliário. Todavia, nem sempre os conservadores do registo predial têm o mesmo entendimento acerca desta obrigatoriedade, conforme tivemos oportunidade de desenvolver mais detalhadamente na nota **III – A, B, C, D e E** ao artigo anterior.

Entre os documentos a juntar à petição prevista no n.° 1, deverá juntar-se (Carvalho Matos, obra citada, pág. 163): *"o título de reconversão, isto é, o alvará de loteamento ou certidão da aprovação do plano de pormenor, conforme os casos, projecto de divisão da coisa comum, mapa de tornas, se houver lugar a elas e, ainda, quaisquer documentos que permitam uma melhor apreciação e decisão."*

IV – O n.° 3 é uma excepção aos prazos de contestação do CPC.

V – O n.º 5 pretende evitar que as cópias da petição a remeter aos interessados sejam acompanhadas, por vezes, com dezenas ou centenas de folhas de papel. O limite de peso referido é de 2 Kg.

VI – O n.º 7, ao consagrar a revelia operante, visa dar celeridade aos processos contestados, considerando vinculados à decisão final os notificados que não contestaram.

VII – Sobre o disposto no n.º 8, ver notas **III-D e V** ao artigo anterior, em especial a posição do CT do IRN.

Artigo 42.º
Conferência de interessados e adjudicação

1 – A conferência de interessados restringe-se apenas aos lotes objecto de controvérsia.

2 – Na falta de acordo, o juiz adjudica os lotes objecto da conferência segundo juízos de equidade.

NOTAS:

I – A regra do juízo de equidade contida no n.º 2, só muito excepcionalmente é aceite pelo direito civil português, conforme determina o artigo 4.º do Código Civil. Em termos de equidade, são conhecidos os casos do n.º 2 do artigo 339, n.º 3 do artigo 566, e n.º 2 do artigo 1.354, todos do C.C.

Porque (conforme escrevemos na nota **III-D** ao artigo 37.º) a solução equitativa e justa que se almeja alcançar tem mais a ver com o direito à habitação constitucionalmente consagrado, e menos com o direito real sobre uma ou mais parcelas em avos.

Conforme Carvalho Matos (obra citada, pág. 166):
"Na conferência de interessados, deverão estar presentes, ou representados, todos os interessados, autores e réus, embora o seu objecto fique restrito aos lotes sobre os quais haja controvérsia.

Havendo acordo, por exemplo, fazendo-se troca de lotes entre os interessados, pagando-se tornas, etc., o juiz homologará esse acordo, por sentença.

Se não houver acordo (...) para aplicação do conceito de equidade, o juiz fará apelo, na fundamentação da sua decisão, às razões de conveniência e de oportunidade, que o levaram a proferi-la, em detrimento da lei, para obter uma solução mais justa e que traga a paz social."

Artigo 43.º
Tornas

1 – As tornas, se a elas houver lugar, são obrigatoriamente depositadas na Caixa Geral de Depósitos, à ordem do tribunal, no prazo de 10 dias após o trânsito em julgado da decisão de adjudicação.

2 – O tribunal ordena a inscrição de hipoteca sobre o lote ou lotes que ficam a pertencer ao devedor, para garantia do pagamento das tornas, caso não seja feita a prova do depósito no prazo fixado.

NOTAS:

I – Por regra, as tornas são pagas em dinheiro, sendo o valor das mesmas estabelecido pela diferença do valor do quinhão que um interessado leva a mais relativamente ao valor do quinhão de outro interessado. Mesmo havendo áreas diferentes entre a maioria ou a totalidade dos lotes de uma AUGI, é habitual a assembleia de comproprietários, convocada para os efeitos de aprovar o projecto de divisão da coisa comum, considerar que os lotes têm o mesmo valor para efeitos de divisão. Se assim não acontecer, poderá valorizar-se cada lote em conformidade com o seu uso, a área de construção, a sua área total ou a sua localização dentro da AUGI, atribuindo-se para o efeito um determinado valor por cada metro quadrado.

II – Sobre atribuição de tornas em espécie, ver notas **II, III** e **VII** ao artigo 37 e notas **III, IV** e **V** ao artigo 40.º.

Artigo 44.º
Obrigações fiscais

1 – O tribunal remete oficiosamente ao director de serviço de finanças a lista de interessados e das quantias de tornas de que sejam devedores.

2 – Os serviços fiscais procedem à liquidação oficiosa do imposto de sisa devido e notificam os sujeitos passivos para a respectiva liquidação no prazo de 30 dias.

NOTAS:

I – Pela 1.ª alteração (Lei n.º 165/99, de 14/9) foi revogado o n.º 3 que tinha a seguinte redacção:
3 – Não há lugar à suspensão da instância para o cumprimento das obrigações fiscais referidas neste artigo.

Pela 2.ª alteração (Lei n.º 64/2003, de 23/8) foi modificado o n.º 1 de acordo com a nova legislação aplicável.

II – O imposto da sisa tem agora a designação de IMT – Imposto Municipal sobre as Transmissões Onerosas de Imóveis – com uma taxa mais reduzida do que anteriormente, embora a diferença não se note muito no valor a pagar na medida em que o valor patrimonial dos prédios urbanos tiveram aumentos consideráveis.

III – Eventuais tornas na divisão de prédios das AUGI, não estão sujeitas ao pagamento de sisa (agora IMT), conforme determina o artigo 4.º do D. L. N.º 308/91, de 17 de Agosto, pelo que o dispositivo do n.º 2 se deverá a uma falta de informação do legislador.

CAPÍTULO VI
Disposições gerais

Artigo 45.º
Loteadores ilegais

1 – Consideram-se loteadores ilegais os proprietários ou comproprietários que hajam celebrado negócios de venda de parcelas, de quotas indivisas e de promessa de compra e venda com autorização de ocupação, tendo por objecto os prédios integrantes da AUGI, que possibilitaram o seu parcelamento físico.

2 – Nos prédios submetidos a operação de loteamento ilegal presume-se que o loteador ilegal pretendeu integrar no domínio público

municipal as áreas que afectou a espaços verdes e de utilização colectiva, infra-estruturas viárias e equipamentos de utilização colectiva.

3 – A presunção a que se refere o número anterior é ilidível judicialmente por acção a intentar pelo loteador ilegal ou o seu sucessor contra a administração conjunta da AUGI no prazo de seis meses contado da data da assembleia a que se refere o n.º 3 do artigo 8.º, sem prejuízo do disposto no número seguinte.

4 – A acção judicial referida no número anterior é intentada contra a câmara municipal no prazo de seis meses contado da data da deliberação referida no n.º 4 do artigo 1.º, se o processo de reconversão urbanística for organizado nos termos da alínea b) do n.º 1 do artigo 4.º, na modalidade prevista na alínea b) do n.º 1 do artigo 32.º, todos da presente lei.

NOTAS:

I – Pela 1.ª alteração (Lei n.º 165/99, de 14/9) apenas se manteve o número 1, tendo sido reformulados os restantes que tinham a seguinte redacção:

2 – Nos prédios submetidos a operação de loteamento ilegal através dos negócios jurídicos mencionados no número anterior, presume-se que o loteador ilegal pretendeu integrar no domínio público as áreas que afectou a arruamentos ou destinou ao uso comum, conforme resulta da planta da situação actual referida na alínea d) do n.º 1 do artigo 18.º

3 – A presunção a que se refere o número anterior é ilidível judicialmente por acção a intentar pelo loteador ilegal ou seu sucessor contra a câmara municipal, no prazo de seis meses contado da data da deliberação referida no n.º 4 do artigo 1.º

II – O n.º 2 tem em vista retirar qualquer hipótese aos loteadores ilegais de reivindicarem direitos sobre parcelas que o projecto de loteamento consagre ao domínio público. É uma forma de penalizar os ditos loteadores que, na maior parte dos casos, venderam até ao último metro quadrado dos terrenos que quiseram lotear a seu belo prazer, sem deixar os espaços mínimos para instalar arruamentos, escolas, zonas verdes e outros equipamentos para utilização colectiva.

Sobre loteadores ilegais ver ainda: preterição de participar nas assembleias de administração conjunta, notas **II** e **III** ao artigo 9.º; área que o loteador ilegal pretendeu integrar no domínio público, a qual tem relação com o apuramento do quórum de funcionamento das assembleias, notas **IV** a **VII** ao artigo 13.º; direitos como titulares inscritos no registo predial, notas **III** ao artigo 18.º e **V** ao artigo 30.º, respectivamente.

Artigo 46.º
Condições mínimas de habitabilidade

1 – As condições mínimas de habitabilidade são as definidas na Portaria n.º 243/84, de 17 de Abril, ficando os afastamentos mínimos referidos no artigo 73.º do Regulamento Geral das Edificações Urbanas reduzidos a metade, com o mínimo de 1,5 m ao limite de qualquer lote contíguo.

2 – A assembleia municipal, sob proposta da câmara municipal, pode autorizar excepcionalmente a manutenção de construções que não preencham os requisitos previstos no número anterior, mediante aprovação do regulamento municipal.

NOTAS:

I – As condições mínimas de habitabilidade referidas na Portaria mencionada no n.º 1, são excepções à Portaria n.º 398/72, de 21 de Julho, que regulamenta o RGEU – Regulamento Geral de Edificações Urbanas – aprovado pelo D.L. n.º 38.382, de 7 de Agosto de 1951.

II – Por nos parecer de interesse geral, transcreve-se no final deste livro a Portaria n.º 243/84, de 17 de Abril, cujas normas de habitabilidade para reconversão de AUGI são mais favoráveis do que as vertidas no RGEU.

III – A regra do artigo 73.º do RGEU, implica um afastamento de 3 metros relativamente a qualquer muro ou fachadas fronteiras. O Código Civil, nos artigos 1.360 e seguintes, também consagra um mínimo de 1,5 m para edificações e servidão de vistas.

IV – Parece-nos que o limite de 1,5m de afastamento deverá ser antes entendido como a distância entre o lote contíguo e a linha vertical de porta ou janela existente na construção do lote em causa.

V – Transcreve-se o mencionado artigo 73.º do RGEU:
"As janelas dos compartimentos das habitações deverão ser sempre dispostas de forma que o seu afastamento de qualquer muro ou fachada fronteiros, medido perpendicularmente ao plano da janela e atendendo ao disposto no artigo 75.º, não seja inferior a metade da altura desse muro ou fachada acima do nível

do pavimento do compartimento, com o mínimo de 3m. Além disso não deverá haver a um e outro lado do eixo vertical da janela qualquer obstáculo à iluminação a distância inferior a 2m, devendo garantir-se, em toda esta largura, o afastamento mínimo de 3m acima fixado.

Artigo 47.º
Arrendamento

A necessidade de realização de obras de alteração, cominadas pelo título de reconversão da AUGI, não pode em qualquer caso justificar a desocupação das habitações arrendadas, a suspensão do contrato de locação ou o aumento de renda.

NOTAS:

I – A necessidade de realização de obras de alteração não pode justificar a desocupação das habitações arrendadas, o que pressupõe uma preocupação do legislador virada para defender especialmente os interesses dos inquilinos. Contudo, esta norma não deverá ser interpretada em sentido lato da defesa dos inquilinos; na verdade, se se tornar imperativo proceder a obras de alteração no arrendado, terá que haver uma conjugação de esforços entre o senhorio, inquilino e câmara municipal, no sentido de ser encontrada uma desocupação temporária, parcial ou total, sem suspensão do contrato de locação, nos termos do artigo 89.º e seguintes do RJUE, sob pena do edificado poder ruir e causar mais prejuízos do que benefícios ao inquilino.

Quanto à proibição de aumento de renda, se as obras forem imperativas e dispendiosas, que se traduzam também em favor dos interesses do inquilino, de certo que terá que haver consenso entre as partes intervenientes, em conformidade com a Lei do Arrendamento Urbano, pois de outra forma o conflito chegará, forçosamente, aos tribunais competentes.

Artigo 48.º
Áreas insusceptíveis de reconversão urbanística

1 – Até final de 2005, a câmara municipal elabora uma carta, que remete à Direcção-Geral do Ordenamento do Território e Desenvolvimento Urbano, identificando as áreas a que se refere o n.º 7 do artigo 1.º

2 – Para as áreas referidas no número anterior, são elaborados até final de 2007 os estudos da sua reafectação ao uso previsto no PMOT.

3 – No mesmo prazo a que se refere o número anterior, e em simultâneo com o estudo de reafectação, devem ainda as câmaras municipais proceder ao levantamento exaustivo dos agregados familiares que tenham habitação própria permanente nas edificações a desocupar e a demolir e que têm de ser realojados, devendo no recenseamento, designadamente, prever-se a identificação e localização da edificação a demolir, certificar-se a afectação da mesma a habitação própria e permanente do agregado, a identificação e composição deste último e respectivos rendimentos.

4 – Aprovado o levantamento pelo Instituto Nacional de Habitação (INH), os realojamentos poderão ser efectuados com recurso aos instrumentos legais em vigor aplicáveis ao caso, designadamente e em alternativa, através da atribuição pelo município de prioridade nos concursos municipais de habitações a custos controlados para venda ou por via da aplicação do regime constante do Decreto-Lei n.º 226/87, de 6 de Junho, e legislação complementar, para arrendamento em regime de renda apoiada.

5 – A não comprovação da afectação da edificação a demolir a habitação própria e permanente do agregado familiar ou a verificação da existência de outra residência arrendada ou de sua propriedade na mesma comarca ou limítrofe é factor excludente do direito a realojamento.

NOTAS:

I – Pela 1.ª alteração (Lei n.º 165/99, de 14/9) o artigo 48, que foi totalmente reformulado, tinha a seguinte redacção:

As câmaras municipais devem elaborar no prazo de dois anos os estudos de reafectação ao uso previsto no PMOT das áreas insusceptíveis de reconversão urbanística.

Pela 2.ª alteração (Lei n.º 64/2003, de 23/8) foi modificado o n.º 1, aditado um novo n.º 2, tendo os n.ºs 2, 3 e 4 passado a 3, 4 e 5, respectivamente.

O n.º 1 tinha a seguinte redacção:

1 – Para as áreas insusceptíveis de reconversão urbanística devem ser elaborados no prazo de cinco anos a contar da entrada em vigor da presente lei os estudos de reafectação ao uso previsto no PMOT.

II – As áreas insusceptíveis de reconversão, podem abranger integralmente uma AUGI, ou apenas parte dela, por estarem inseridas em zonas de REN ou RAN. Para o efeito, ver nota **II** ao artigo 37;

III – O realojamento previsto no n.º 3 é, também uma medida social justa e oportuna, e está em paralelo com outros programas de realojamento de agregados familiares necessitados que os municípios, em parceria com a administração central, vêm promovendo.

ARTIGO 49.º
Taxas

A assembleia municipal pode aprovar no respectivo regulamento valores e condições de pagamento especiais para as taxas decorrentes da operação de reconversão, incluindo a dispensa de caução, sem prejuízo da emissão do respectivo título.

NOTAS:

I – Pela 2.ª alteração (Lei n.º 64/2003, de 23/8) foi modificado o corpo do artigo que tinha a seguinte redacção:
A assembleia municipal pode aprovar no respectivo regulamento valores especiais para as taxas decorrentes da operação de reconversão.

II – As taxas referidas estão previstas na Lei das Finanças Locais, entre outras:
b) Concessão de licenças de loteamento, de execução de obras particulares, de ocupação da via pública por motivo de obras e de utilização de edifícios;

III – Nos termos deste artigo, os regulamentos de taxas e licenças dos municípios poderão prever valores diferentes para o caso das AUGI, mediante propostas das câmaras aprovadas pelas respectivas assembleias municipais, conforme estipulado nas al. a) e e) do n.º 2 do artigo 53 da Lei 169/99, de 18 de Setembro

– LAL – Lei das Autarquias Locais. O objectivo do legislador, ao sugerir *valores especiais*, certamente refere-se a valores inferiores, pois não faria sentido valores superiores.

Temos conhecimento de que alguns municípios estão a cobrar taxas de urbanização de valores substancialmente inferiores relativamente às AUGI, por vezes na ordem dos 50%.

Artigo 50.º
Processo de legalização de construções

1 – A legalização das construções existentes fica sujeita ao regime do Decreto-Lei n.º 555/99, de 16 de Dezembro, com a redacção que lhe foi dada pela Lei 60/2007, de 4 de Setembro, sem prejuízo do disposto na presente lei.

2 – A câmara municipal pode dispensar a apresentação de projectos das especialidades, mediante declaração de responsabilidade de conformidade do construído com as exigências legais e regulamentares para o efeito, assinada por técnico habilitado para subscrever os projectos dispensados.

3 – Podem igualmente ser dispensados os pareceres das entidades que já estejam a fornecer os seus serviços à edificação a legalizar.

4 – O titular do rendimento de construção inscrita na matriz predial tem legitimidade para promover o processo de legalização.

5 – O processo de licenciamento de alterações a construções existentes para a sua conformação com o instrumento de reconversão segue, com as necessárias adaptações, o processo de legalização previsto nos números anteriores.

NOTAS:

I – Pela 1.ª alteração (Lei n.º 165/99, de 14/9) os números 4 e 6 passaram a 2 e 3, o número 1 foi alterado, e foram eliminados os números restantes que tinham a seguinte redacção:

1 – A legalização das construções existentes fica sujeita à apresentação simultânea do projecto de arquitectura e dos projectos das especialidades.

2 – A câmara municipal promove de imediato a consulta das entidades que tenham de se pronunciar sobre os projectos das especialidades.

3 – A câmara municipal delibera sobre o pedido de legalização no prazo de 30 dias.

5 – Ao processo de legalização é aplicável, subsidiariamente e com as necessárias adaptações, o regime previsto no Decreto-Lei n.º 445/91, de 20 de Novembro, com as alterações introduzidas pelo Decreto-Lei n.º 250/94, de 15 de Outubro.

Pela 2.ª alteração (Lei n.º 64/2003, de 23/8), foi modificado o n.º 1, de acordo com a nova legislação aplicável. *Os n.ºs 2 e 3 passaram a 4 e 5, tendo sido aditados novos n.ºs 2 e 3.*

Pela 3.ª alteração (Lei n.º 10/2008, de 20/2) foi modificado o texto do n.º 1, substituindo a referência ao D.L. n.º 177/2001, de 4/6, pela referência à Lei 60/2007, que foi a última alteração ao D.L. n.º 555/99 (RJUE).

II – Mais uma vez o legislador vem facilitar a legalização das operações urbanísticas inseridas em AUGI. Em bom rigor, só o titular de um prédio urbano tem legitimidade para obter do município o licenciamento de uma operação urbanística, fazer a comunicação prévia de uma obra de edificação, de alteração ou requerer a sua legalização e, ainda, a autorização de utilização, nos termos do RJUE. A legitimidade do titular é aferida pelos serviços do município através da exibição de certidão da Crp.

A redacção do n.º 4, concedendo ao titular do rendimento de construção inscrita na matriz predial legitimidade para promover o processo de legalização, traduz-se "*numa derrogação da exigência legal*" genérica, conforme observa Carvalho de Matos (obra citada, pág. 179).

Numa AUGI da freguesia de Camarate, concelho de Loures, existe uma situação em que o titular de um determinado lote é uma pessoa singular que arrematou o dito lote em hasta pública, em consequência de uma dívida que foi executada judicialmente, sendo que o dono da edificação implantada no referido lote é outra pessoa singular diferente, a qual construiu aquela edificação que tem utilizado com sua habitação própria.

Numa outra AUGI, da freguesia de Porto Salvo, concelho de Oeiras, existe uma situação idêntica: Uma determinada parcela em avos transmitida por escritura pública também a favor de uma pessoa singular, que a registou em seu nome, está confrontada com o facto de na mesma ter sido edificada uma casa abarracada por uma terceira pessoa, sem qualquer título. Tal facto foi possível porque o titular inscrito, depois de ter adquirido a dita parcela, não a cuidou nem vigiou durante uns anos.

Provavelmente outras situações existem devidamente identificadas, para que o legislador acautelasse as mesmas, que configuram a acessão prevista nos artigos 1325 a 1343 do Código Civil, sendo que os ditos artigos regulam a acessão industrial imobiliária, mobiliária e natural.

Para os casos previstos pelo legislador no âmbito das AUGI, vamos continuar a seguir Carvalho Matos, que enquadrou bem a situação, buscando mesmo jurisprudência adequada para ela (obra citada, pág. 179 e 180):

*"Esta situação denomina-se **acessão** e consiste no facto de uma coisa, que pertence a alguém, se unir e incorporar a outra coisa que lhe não pertence, art. 1325.º do Código Civil.*

O dono da construção terá de se tornar, também, dono do terreno, pelos meios comuns, a escritura de compra e venda, a usucapião ou a sentença judicial, para reunir em si, a titularidade do terreno e da construção.

Levanta-se, mais uma dificuldade, de ordem prática, visto que o dono não pode vender a casa, que lhe não pertence. Só pode vender o lote de terreno. Terá de haver duas participações à matriz, uma da casa e outra do lote, que darão origem a dois artigos matriciais e duas contribuições, que serão devidas, até que se efective a transacção da propriedade do lote para o dono da construção

Tem-se discutido, na doutrina e na jurisprudência, se o direito de construir é inerente ao direito de propriedade ou poderá ser exercido de forma autónoma, por alguém que não seja o proprietário.

A tendência é no sentido de considerar o direito de construir como uma realidade autónoma e independente do direito de propriedade.

(…)

Vide o acórdão da 1.ª Secção do Supremo Tribunal Administrativo, de 26/2/98, proc. n.º 41923, que, com um voto de vencido, considera que a licença de construção, concedida a quem não é proprietário, é ineficaz em relação ao proprietário, mas é constitutiva de direitos para o beneficiário. In, Acórdãos do STA, n.º 444, ano XXXVII, pág. 1541."

Artigo 51.º
Licenciamento condicionado

1 – A câmara municipal pode licenciar condicionadamente a realização de obras particulares conformes com o loteamento, desde que:

a) O projecto de construção esteja aprovado;

b) As comparticipações devidas imputáveis à parcela se achem integralmente satisfeitas;

2 – O licenciamento a que respeita o presente artigo só pode ter lugar quando o requerente invoque e prove a necessidade urgente de habitação própria e permanente ou de dotar a construção existente de condições de habitabilidade, ou ainda do exercício de actividade económica de que dependa a subsistência do seu agregado familiar.

3 – A licença de utilização só pode ser emitida após a entrada em vigor do título de reconversão.

NOTAS:

I – Pela 1.ª alteração (Lei n.º 165/99, de 14/9) a al. *c*) passou a *b*) tendo sido eliminada esta, que tinha a seguinte redacção:

b) O auto de vistoria conclua estarem reunidas as condições para a divisão por acordo de uso;

Pela 2.ª alteração (Lei n.º 64/2003, de 23/8), foi modificado o n.º 2 que tinha a seguinte redacção:

2 – O licenciamento a que respeita o presente artigo só pode ter lugar quando o requerente invoque e prove a necessidade urgente da construção para habitação própria e permanente.

Pela 3.ª alteração (Lei n.º 10/2008, de 20/2) foi acrescentada a parte final do corpo do n.º 2, sobre o exercício de actividade económica, o que também se verifica nas AUGI em reconversão.

II – A eliminação da al. *b*) pretende que o licenciamento condicionado seja possível mesmo antes da vistoria à AUGI prevista no artigo 22.

III – A al. b) do n.º 1, estipula, e bem, que as licenças só sejam concedidas desde que as comparticipações devidas, até àquela data, estejam liquidadas. Só a comissão de administração pode emitir tal declaração.

Artigo 52.º
Embargo e demolição

1 – É atribuída competência aos fiscais municipais para determinar o embargo imediato de qualquer construção não licenciada ou autorizada na AUGI.

2 – Para efeitos do disposto no número anterior, o fiscal lavra auto de cujo duplicado faz entrega ao dono da obra ou, na ausência deste, a quem a esteja a executar, com o que se considera efectuada a notificação.

3 – O auto contém obrigatória e expressamente a identificação do funcionário municipal, das testemunhas e do notificado, a data, hora e local da diligência e as razões de facto e de direito que a justificam, a indicação da ordem de suspensão e proibição de prosseguir a obra, bem como das cominações legais para o seu incumprimento.

4 – Determinado o embargo, pode o presidente da câmara municipal ordenar a demolição da obra, nos termos do Decreto-Lei n.º 555/99, de 16 de Dezembro, com a redacção que lhe foi dada pela Lei n.º 60/2007, de 4 de Setembro.

5 – O presidente da câmara municipal pode ordenar a demolição imediata sempre que se verifique incumprimento do embargo determinado.

NOTAS:

I – Pela 2.ª alteração (Lei n.º 64/2003, de 23/8), foi modificado o n.º 4, de acordo com a nova legislação aplicável.

Pela 3.ª alteração (Lei n.º 10/2008, de 20/2) foi modificado o texto do n.º 4, substituindo a referência ao D.L. n.º 177/2001, de 4/6, pela referência à Lei 60/2007, que foi a última alteração ao D.L. n.º 555/99 (RJUE).

II – Os poderes para embargo das obras e a sua demolição pode parecer um pouco violenta, mas são indispensáveis para que não se criem novas situações que podem dificultar ainda mais a reconversão das AUGI, sempre com prejuízo de terceiros, ou seja dos comproprietários respeitadores dos direitos dos outros.

III – O embargo, demolição e outras consequências estão regulados nos artigos 103 a 109 do D.L. n.º 555/99 (RJUE).

Artigo 53.º
Dispensa de licenciamento de demolição

A demolição total de construções para cumprimento de deliberações previstas neste diploma não carece de licenciamento.

NOTAS:

I – Este artigo contempla também uma excepção à lei geral, pois as demolições também precisam de ser licenciadas, ao contrário do que muitas pessoas pensam.

Artigo 54.º
Medidas preventivas

1 – A celebração de quaisquer actos ou negócios jurídicos entre vivos de que resulte ou possa vir a resultar a constituição de compropriedade ou a ampliação do número de compartes de prédios rústicos carece de parecer favorável da câmara municipal do local da situação dos prédios.

2 – O parecer previsto no número anterior só pode ser desfavorável com fundamento em que o acto ou negócio visa ou dele resulta parcelamento físico em violação ao regime legal dos loteamentos urbanos, nomeadamente pela exiguidade da quota ideal a transmitir para qualquer rendibilidade económica não urbana.

3 – O parecer é emitido no prazo de 45 dias, entendendo-se a sua omissão como parecer favorável.

4 – São nulos os actos ou negócios jurídicos celebrados em violação do disposto no n.º 1 do presente artigo, tendo também a câmara municipal legitimidade para promover a respectiva declaração judicial.

NOTAS:

I – Pela 2.ª alteração (Lei n.º 64/2003, de 23/8) este artigo, que foi totalmente modificado, e tinha a seguinte redacção:

1 – São nulos os negócios jurídicos entre vivos de que resultem ou possam vir a resultar a constituição da compropriedade ou a ampliação do número de compartes de prédios rústicos, quando tais actos visem ou deles resulte parcelamento físico em violação ao regime legal dos loteamentos urbanos.

2 – O chefe da repartição de finanças remete obrigatoriamente à câmara municipal e ao Ministério Público a relação mensal dos prédios rústicos relativamente aos quais haja sido pago imposto de sisa devido pela transmissão de quotas indivisas.

3 – Para efeitos de declaração judicial de nulidade, o Ministério Público solicita semestralmente à câmara municipal informação sobre a realidade física dos prédios constantes da relação a que se refere o número anterior.

II – A alteração introduzida no n.º 1 faz a distinção entre negócios jurídicos entre vivos, os quais não poderão resultar em constituição de compropriedade ou na ampliação do número de compartes de prédios rústicos, sem parecer favorável da câmara municipal da situação dos prédios.

A – E esta situação releva do conhecimento público de que têm continuado tentativas de constituição de novas AUGI, apesar das apertadas regras urbanísticas que regulam o regime dos loteamentos urbanos (RJIGT, artigo 49.º do RJUE, etc.) e das mais diversas formas de proibição e fiscalização por parte da administração local. Sem este condicionamento, ou seja sem o parecer favorável da câmara municipal, têm-se verificado casos de fraccionamento de prédios rústicos, por negócios entre vivos, em que numa primeira fase se vende um prédio rústico, por exemplo a novos quatro titulares, em partes iguais e sem determinação de parte ou direito, sendo que estes quatro titulares voltam a vender, cada um de "per si", o seu direito a ¼ a mais quatro titulares e, assim, sucessivamente, até que o número de compartes fique com um número de metros quadrados equivalente a uma parcela ou a um lote para construção. Tais situações verificaram-se e foram travadas em regiões do país perto de conhecidas praias da costa alentejana.

B – Todavia, o parecer favorável de uma câmara municipal já tem sido utilizado para aumentar a compropriedade e a ampliação do número de compartes num determinado prédio inserido numa AUGI, em casos devidamente justificados. Por exemplo, autorizando a venda de ½ de uma parcela em avos de um prédio integrado numa determinada AUGI, de forma a acautelar o interesse de um titular de uma parcela de num outro prédio delimitado pela mesma AUGI, o qual viu a sua parcela absorvida para uma zona verde, um parque de estacionamento ou para construção de equipamentos colectivos. Mas este parecer favorável da edilidade respectiva deve sempre ter em vista a prossecução do interesse público e ter a concordância dos comproprietários intervenientes e da respectiva comissão de administração.

Esta situação pode ser uma alternativa às tornas em espécie, que desenvolvemos nas notas **VI** e **VII** ao artigo 37.º e **III** e **IV** ao artigo 40.º.

C – A situação de constituição de compropriedade em consequência do falecimento de um ou mais titulares de um prédio rústico, não está abrangida pela obrigatoriedade do parecer favorável da câmara municipal. Tal critério tem justificação, na medida em que, falecendo qualquer titular de um prédio rústico, os seus herdeiros poderão partilhá-lo em conformidade com as regras das sucessões conjugadas com as regras condicionantes da divisão da propriedade rústica, que impõe a manutenção da unidade mínima de cultura. A área mínima de cultura deve ser observada quer em relação ao prédio mãe quer ao prédio ou prédios a desanexar. Tal prédio, em caso de haver mais do que um herdeiro e se qualquer deles não quiser ou não puder dar tornas ao outro, o dito prédio só poderá ser partilhado em regime de compropriedade, pelas formas seguintes: adjudica-se a ½ a cada um dos herdeiros A e B, sem determinação de parte ou direito; se forem três herdeiros, adjudica-se a 1/3 a cada um dos herdeiros A, B e C, sem determinação de parte ou direito; ou, ainda, se os direitos forem diferentes, adjudica-se, por exemplo, ½ ao herdeiro A e ¼ a cada um dos herdeiros B e C.

Artigo 55.º
Processos iniciados

1 – A presente lei aplica-se aos processos em apreciação à data da sua entrada em vigor, a requerimento dos interessados, aproveitando-se os elementos úteis já existentes.

2 – Aos processos de reconversão em curso à data da entrada em vigor da presente lei a assembleia da administração conjunta referida na alínea *a*) do n.º 2 do artigo 8.º pode mandatar a entidade que vem promovendo a reconversão do prédio para exercer as funções da comissão de administração.

3 – Os titulares dos prédios que tenham sido objecto de loteamento ilegal e que já disponham de alvará de loteamento emitido nos termos do Decreto-Lei n.º 555/99, de 16 de Dezembro, com a redacção que lhe foi dada pela Lei n.º 60/2007, de 4 de Setembro, ou de legislação anterior, podem beneficiar do regime especial de divisão de coisa comum previsto nesta lei.

NOTAS:

I – Pela 1.ª alteração (Lei n.º 165/99, de 14/9) manteve-se o número 1, foi criado o número 3, tendo sido modificado o número 2 que tinha a seguinte redacção:

2 – A assembleia da administração conjunta referida na alínea a) do n.º 2 do artigo 8.º pode mandatar a entidade que vem promovendo a reconversão do prédio para exercer as funções da comissão de administração.

Pela 2.ª alteração (Lei n.º 64/2003, de 23/8), foi modificado o n.º 3, de acordo com a nova legislação aplicável.

Pela 3.ª alteração (Lei n.º 10/2008, de 20/2) foi modificado o texto do n.º 3, substituindo a referência ao D.L. n.º 177/2001, de 4/6, pela referência à Lei 60/2007, que foi a última alteração ao D.L. n.º 555/99 (RJUE).

II – A alteração introduzida no n.º 2 veio clarificar melhor a vontade do legislador, introduzindo a parte inicial do preceito, onde incluiu a referência aos processos de reconversão em curso que, embora fosse uma omissão, estava implícito que o referido preceito já se aplicava aos processos em curso, na medida em que se referia a entidade que vem promovendo a reconversão do prédio. As entidades que vinham promovendo a reconversão, antes da Lei das AUGI, eram as direcções de associações de moradores ou de proprietários/comproprietários.

III – É de extrema utilidade o aproveitamento dos elementos úteis já existentes, sejam planos de pormenor já aprovados pelas autoridades administrativas competentes, sejam os projectos e levantamentos topográficos elaborados a expensas das anteriores entidades que vinham promovendo a reconversão.

IV – O n.º 3 determina que os loteamentos aprovados antes da entrada em vigor da presente lei possam beneficiar dos mecanismos mais facilitados para a divisão da coisa comum. Ver notas **II** e **III** ao artigo 29.

Artigo 56.º
Comparticipação nos custos das obras de urbanização

1 – O Estado e os municípios podem, mediante contrato de urbanização a celebrar com a comissão, comparticipar na realização das obras de urbanização em termos a regulamentar.

2 – Os juros dos empréstimos bancários contraídos pelos proprietários para suportarem os encargos com o processo de reconversão são equiparados, para efeitos das deduções previstas em sede do Código do Imposto sobre o Rendimento das Pessoas Singulares, aos encargos com os empréstimos para aquisição de habitação própria.

NOTAS:

I – Pela 1.ª alteração (Lei n.º 165/99, de 14/9) foi modificado o artigo 56 que tinha a seguinte redacção:

O Estado e os municípios podem, mediante contrato de urbanização a celebrar com a comissão, comparticipar na realização das obras de urbanização em termos a regulamentar.

Pela 2.ª alteração (Lei n.º 64/2003, de 23/8) o n.º 4 foi modificado e passou a n.º 2, tendo sido eliminados os anteriores n.ºs 2 e 3 que tinham a seguinte redacção:

2 – Para pagamento da sua quota-parte, cada proprietário pode recorrer ao regime de crédito bonificado, nos termos do disposto nos Decretos-Leis n.os 349/98, de 11 de Novembro, e 137-B/99, de 22 de Abril, e na Portaria n.º 963/98, de 11 de Novembro.

3 – A concessão do crédito depende do cumprimento integral do disposto nos diplomas referidos no número anterior.

4 – Os juros dos empréstimos bancários contraídos pelos demais proprietários para suportarem os encargos com o processo de reconversão são equiparados, para efeitos das deduções previstas em sede do Código do Imposto sobre o Rendimento das Pessoas Singulares, aos encargos com os empréstimos para aquisição de habitação própria.

II – O comando do n.º 1, com pequenas alterações, já existia. Contudo, nunca o mesmo foi regulamentado, apesar das diversas insistências de muitos dos interessados.

III – A comparticipação prevista, pode passar pelo reembolso às AUGI, da taxa de IVA paga nos custos com as obras de infra-estruturas, ou por comparticipações concedidas pelo Estado e pelos municípios, em percentagens a definir, relativamente aos custos a suportar por cada comproprietário. Em fase de revisão da Lei das AUGI, sugerimos que as comparticipações fossem concedidas apenas para um lote por cada agregado familiar, e só para as famílias cujo rendimento *"per capita"* fosse inferior ao SMN – Salário Mínimo Nacional – porque existem alguns comproprietários que têm mais do que um lote que pretendem comercializar. O pagamento parcial dos custos pela Administração Central, seria um custo social, como outros que tem na área da habitação, como seja o PER – Programa Especial de Realojamento – para famílias carenciadas. Note-se que, de uma maneira geral, as famílias que vão construir, ou já construíram, são pessoas de fracos recursos, que aplicam muito dos seus tempos livres a trabalhar na construção da sua própria casa, solucionando um dos mais graves problemas do nosso país, que é a habitação. Quanto aos custos a suportar pelos municípios, será uma contrapartida que estes irão ter com o IMI (anterior C. A.) que receberão a médio prazo, já que a curto prazo poderá haver isenções diversas.

Artigo 56.º-A
Avaliação anual

1 – As câmaras municipais elaboram anualmente uma carta temática das AUGI delimitadas, nela representando as que já dispõem de título de reconversão e o estado geral de execução das infra-estruturas, bem como as áreas que, preenchendo os requisitos do n.º 2 do artigo 1.º, ainda não tenham sido objecto de delimitação.

2 – A carta temática a que se refere o número anterior deve ser enviada à Direcção-Geral do Ordenamento do Território e Desenvolvimento Urbano até 15 de Maio de cada ano, constituindo anexo ao relatório de gestão anual da câmara municipal.

3 – A falta de envio da carta temática à Direcção-Geral do Ordenamento do Território e Desenvolvimento Urbano constitui impedimento para o município celebrar contratos-programa e de urbanização com a administração central, bem como para obter fundos comunitários destinados a qualquer intervenção em áreas urbanas de génese ilegal.»

NOTAS:

I – Este artigo foi aditado pela 2.ª alteração (Lei n.º 64/2003, de 23/8).

II – Apesar de no artigo anterior se estabelecer que o Estado pode comparticipar na realização das obras de urbanização juntamente como os municípios, em condições a regulamentar, não há conhecimento de que a Administração Central (AC) se tenha empenhado no cumprimento desta regra que, diga-se, não é vinculativa mas apenas orientadora para uma prática.

Poderá acontecer que, na posse das cartas temáticas que as câmaras municipais ficam vinculadas a elaborar, a AC fique habilitada com os elementos indispensáveis para definir e iniciar a sua comparticipação.

Ainda relativamente ao apoio prestado pelas câmaras municipais, remetemos para a nota II ao artigo 33.

Artigo 57.º
Prazo de vigência

1 – Para efeitos de aplicação da presente lei, devem as AUGI dispor de comissão de administração validamente constituída até 31 de Dezembro de 2008 e de título de reconversão até 31 de Dezembro de 2013.

2 – A câmara municipal pode delimitar as AUGI, fixando como respectiva modalidade de reconversão a iniciativa municipal sem o apoio da administração conjunta até 31 de Dezembro de 2011.

3 – O prazo fixado no n.º 1 não se aplica à comissão de administração eleita nos termos do n.º 4 do artigo 8.º»

NOTAS:

I – Pela 1.ª alteração (Lei n.º 165/99, de 14/9) foi modificado este artigo que tinha a seguinte redacção:
Cessa a aplicação da presente lei às AUGI que não disponham de título de reconversão até 31 de Dezembro de 1999.

Pela 2.ª alteração (Lei n.º 64/2003, de 23/8) foi modificado de novo todo o artigo que tinha a seguinte redacção:
Cessa a aplicação da presente lei às AUGI que não disponham de comissão de administração validamente constituída até 31 de Dezembro de 2002 e de título de reconversão até 31 de Dezembro de 2004.»

Pela 3.ª alteração (Lei n.º 10/2008, de 20/2) foram modificados os prazos previstos no n.º 1, que eram até 31/12/2004 e 31/12/2007, bem como o prazo do n.º 2 que era até 30/6/2005.

II – Pela terceira vez se introduziram alterações nos prazos definidos no presente artigo, o que é bem revelador da complexidade para a reconversão das AUGI, em função da grande dimensão das mesmas em termos de áreas e do elevado número de pessoas residentes nas mesmas e de outros titulares ainda não residentes mas com milhares de lotes na expectativa de virem a ser legalizados.

Estamos em crer que, apesar de alguma inércia dos titulares interessados na reconversão das AUGI, nem as câmaras municipais nem a administração central fizeram tudo o que era indispensável da sua parte para aproximar o fim da regularização administrativa dos processos, pois a concretização das obras de infra-estruturas bem como a reconversão total até à obtenção das autorizações de utilização estará bem mais demorada.

Assim, será de crer que esta alteração de prazos não será a última.

Artigo 5.º *(da Lei 165/99)*
Disposições transitórias

1 – No prazo máximo de 60 dias, a contar da entrada em vigor da presente lei, deverá estar constituída, no processo de reconversão em curso, a comissão de fiscalização prevista na alínea c) do n.º 2 do artigo 8.º

2 – Até 31 de Março do ano 2000 serão aprovadas, nos termos previstos na alínea i) do artigo 10.º, as contas anuais, intercalares, referentes ao ano de 1999.

3 – No prazo de 180 dias a contar da entrada em vigor da presente lei, as câmaras municipais ficam obrigadas a delimitar o perímetro e a fixar a modalidade de reconversão das AUGI existentes na área do município e que ainda não foram delimitadas.

4 – O disposto no artigo 41.º é aplicável aos actos processuais pendentes.

NOTAS:

I – A obrigatoriedade de eleição da comissão de fiscalização, no prazo de 60 dias, poderá não ser respeitada, uma vez que não se estabelecem sanções. Todavia, a eleição deverá ser efectuada a tempo da dita comissão dar parecer sobre as contas a aprovar até 31/3/2000, porque aí existem sanções indirectas, ou seja a não aprovação pela câmara municipal de algumas formalidades do processo de reconversão da AUGI.

II – O disposto no n.º 2 deveria ter obrigatoriedade de aplicação para os anos subsequentes, para que as contas das AUGI fossem sempre aprovadas até 31 de Março.

Artigo 2.º *(da Lei n.º 64/2003)*
**Adita artigos à Lei n.º 91/95, de 2 de Setembro,
com a redacção dada pela Lei 165/99, de 14 de Setembro:**

Artigo 56-A (está *inserido no local próprio*)

Artigo 3.º *(já constava da Lei 165/99)*
Quantias cobradas a título de juros ou penalizações

Nos processos de reconversão em curso, as quantias já cobradas a título de juros ou penalizações que excedam os valores resultantes da aplicação dos n.os 2 e 3 do artigo 16.º-C são creditadas a favor do respectivo interessado, procedendo-se às devoluções eventualmente necessárias no acto de repartição do saldo das contas finais da administração conjunta, salvo decisões judiciais transitadas em julgado.

Artigo 4.º
Norma interpretativa

1 – O disposto no artigo 54.º aplica-se independentemente dos prazos previstos no artigo 57.º e igualmente às áreas não delimitadas como AUGI.
2 – A legitimidade do município para promover a declaração judicial de nulidade a que se refere o artigo 54.º opera igualmente para actos praticados ao abrigo de regimes anteriores.

Artigo 5.º
Republicação

A Lei n.º 91/95, de 2 de Setembro, com a redacção actual, é republicada em anexo.
Aprovada em 15 de Julho de 2003.
O Presidente da Assembleia da República, João Bosco Mota Amaral.

Promulgada em 4 de Agosto de 2003.

Publique-se.

O Presidente da República, JORGE SAMPAIO.

Referendada em 8 de Agosto de 2003.

O Primeiro-Ministro, José Manuel Durão Barroso.

ARTIGO 4.º da Lei n.º 10/2008, de 20 de Fevereiro.

A presente lei entra em vigor no dia seguinte à sua publicação, produzindo efeitos a partir de 1 de Janeiro de 2008.

Aprovada em 21 de Dezembro de 2007.

O Presidente da Assembleia da República, Jaime Gama.

Promulgada em 6 de Fevereiro de 2008.

Publique-se.

O Presidente da República, Aníbal Cavaco Silva.

Referendada em 7 de Fevereiro de 2008.

O Primeiro-Ministro, José Sócrates Carvalho Pinto de Sousa.

DIPLOMAS COMPLEMENTARES

Portaria n.º 243/84
de 17 de Abril

A revogação do Decreto-Lei n.º 278/71, de 23 de Junho, e, como consequência, o respectivo diploma regulamentar, Portaria n.º 398/72, de 21 de Julho, pelo Decreto-Lei n.º 804/76, de 6 de Novembro, privou os competentes serviços da Administração da fundamentação jurídico-técnica para apreciação e aprovação de projectos para legalização das áreas de construção clandestina.

Sabido que a maioria destas construções dificilmente se enquadra nos mínimos técnicos considerados no Regulamento Geral das Edificações Urbanas (RGEU), qualquer juízo com base nas respectivas disposições dificultará ou mesmo prejudicará qualquer operação de recuperação e legalização.

Por outro lado, há que ter em conta os vultosíssimos investimentos necessários para harmonizar as construções existentes com as exigências do RGEU ou, em face de tal impossibilidade, as pesadíssimas implicações económico-sociais da operação de demolição em larga escala.

Não estando em causa a necessidade de condições especiais de habitabilidade, o artigo 2.º, n.º 3, do Decreto-Lei n.º 804/76 prevê expressamente a fixação de condições mínimas que vão ao encontro de uma certa contemporização com as situações de construção clandestina criadas, na medida em que seja considerada viável, técnica e economicamente, a reconversão das respectivas áreas.

Esta mesma necessidade era já apontada anteriormente no artigo 3.º do Decreto-Lei n.º 650/75, de 8 de Novembro, que autorizava o Secretário de Estado da Habitação e Urbanismo a estabelecer, por portaria, instruções para a recuperação e transformação de habitações com dispensa das disposições do RGEU.

Nestes termos:

Manda o Governo da República Portuguesa, pelo Secretário de Estado da Habitação e Urbanismo, nos termos e para os efeitos do disposto no n.º 3 do artigo 2.º do Decreto-Lei n.º 804/76, de 6 de Novembro, fixar as condições mínimas de habitabilidade das edificações clandestinas:

1.º Desde que cumpridos os aspectos referidos nas alíneas a) e b) do n.º 1 do artigo 2.º do Decreto-Lei n.º 804/76, deve proceder-se por vistoria técnica à análise das condições de segurança e de habitabilidade dos edifícios clandestinos de habitação susceptíveis de eventual reabilitação, bem como de edificações que lhes fiquem contíguas.

2.º As condições mínimas de habitabilidade exigíveis em edifícios clandestinos de habitação são as fixadas nos regulamentos em vigor, nomeadamente o Regulamento Geral das Edificações Urbanas, aprovado pelo Decreto-Lei n.º 38382, de 7 de Agosto de 1951, e as respectivas alterações posteriores, ao qual admitem as seguintes tolerâncias:

1) Os compartimentos das habitações, com excepção apenas dos casos previstos no n.º 2.º, n.ºs 4) e 5), não poderão ter área inferior a 8 m^2;

2) Nas habitações com menos de 5 compartimentos um deles, no mínimo, deverá ter área não inferior a 10,5 m^2;

3) Nas habitações com 5 ou mais compartimentos haverá pelo menos 2 com 10,5 m^2 de área;

4) Nas habitações com mais de 4 ou mais de 6 compartimentos poderá haver, respectivamente, 1 ou 2 compartimentos com área reduzida a 7 m^2;

5) No número de compartimentos referidos nos números anteriores não se incluem os vestíbulos, instalações sanitárias, arrumos e outros compartimentos de função similar;

6) O compartimento destinado exclusivamente a cozinha deverá ter a área mínima de 5 m^2, podendo, no entanto, reduzir-se este limite a 4 m^2, quando o número de compartimentos, excluídos os referidos no n.º 2.º, n.º 5), for inferior a 4;

7) Os compartimentos das habitações, com exclusão dos referidos no n.º 2.º, n.º 5), deverão ser delineados de tal forma que o compri-

mento não exceda o dobro da largura e que na respectiva planta se possa inscrever, entre paredes, um círculo de diâmetro não inferior a 1,8 m, podendo, contudo, baixar até 1,6 m, no caso das cozinhas com área inferior a 5 m^2;

8) O pé-direito livre mínimo em edificações destinadas a habitação, referido no n.º 1 do artigo 65.º do RGEU, pode ser reduzido até 2,35 m;

9) Quando os sótãos, águas-furtadas e mansardas possam ser utilizadas para fins de habitação, nos termos do disposto no artigo 79.º do RGEU, será permitido que os respectivos compartimentos tenham o pé-direito mínimo referido no n.º 2.º, n.º 8), só metade da sua área;

10) A largura dos corredores das habitações não poderá ser inferior a 0,9 m;

11) Nos edifícios colectivos de habitação com mais de 2 pisos ou 4 habitações servidas pela mesma escada admite-se que a largura dos lanços de escada se reduza a 1 m, desde que não se situem entre paredes;

12) Os patins não poderão ter largura inferior à dos lanços e os degraus das escadas terão como largura mínima 0,22 m e altura máxima 0,193 m;

13) Admite-se a existência de uma única casa de banho completa nas habitações com mais de 4 compartimentos.

3.º Deverá ser garantida a demolição de paredes interiores, quando esta for exigida para a legalização do edifício.

4.º As disposições desta portaria só se aplicam a edifícios com acesso independente e possibilidade de ligação directa às redes gerais de infra-estruturas.

Secretaria de Estado da Habitação e Urbanismo.

Assinada em 14 de Março de 1984.

O Secretário de Estado da Habitação e Urbanismo, *Fernando Manuel dos Santos Gomes*.

Decreto-Lei n.º 804/76 (*)
de 6 de Novembro

O fenómeno de construção clandestina que de há muito se vem verificando em larga escala nas regiões envolventes ou próximas dos grandes centros urbanos, designadamente Lisboa, sofreu, nos últimos tempos, um intenso desenvolvimento, de tal modo que são hoje em grande número e muitas vezes de larga extensão as áreas ocupadas por construção clandestina, quase sempre a partir de loteamentos também clandestinos.

São conhecidos os gravíssimos inconvenientes causados por todas essas actividades clandestinas.

Atendendo à enorme extensão das áreas de construção clandestina, ao grande número de agregados familiares nelas fixados, ao elevado volume de investimentos feitos nas respectivas construções – em grande parte por agregados familiares de poucos recursos económicos –, ao montante dos encargos e ao período de tempo necessário para deslocar toda essa massa populacional para outras zonas edificadas e à circunstância de algumas das áreas de construção clandestina serem aceitáveis, carecendo embora de operações de beneficiação e reconversão mais ou menos profundas, tem-se por aconselhável uma certa contemporização com as situações criadas, na medida em que se considere viável, técnica e economicamente, a reconversão das áreas, no que se refere aos edifícios e às infra-estruturas indispensáveis, e a ocupação das mesmas não se mostre contrária ao adequado ordenamento do território.

Prevê-se que as áreas de construção clandestina possam ser objecto de medidas tendentes à sua legalização, à sua manutenção temporária ou à sua imediata ou próxima demolição, definindo as directrizes gerais a observar para a aplicação dessas diversas medidas.

(*) Alterado pelo DL 90/97, de 9/3.

O que supõe a detecção e estudo das diversas áreas de construção clandestina, o qual, bem como a execução das medidas aplicáveis, se atribui aos órgãos locais competentes com o auxílio dos órgãos e serviços adequados da Administração Central e a participação das populações interessadas.

A legalização das áreas que dela sejam susceptíveis deverá ser procurada através de acordo com os interessados.

Tenta-se obter dos responsáveis pelos loteamentos clandestinos – causadores ou fautores originários da situação clandestina – indemnizações pelos prejuízos causados, como meio, até, de aumentar as fontes de receitas para a realização das operações necessárias.

Por outro lado, considerando que nas áreas de construção clandestina as cedências de terrenos entre particulares são efectuadas, regra geral, por actos ou negócios juridicamente inválidos, afigura-se justificado que nas expropriações de imóveis situados nessas áreas, como tais identificadas pelo expropriante, os proprietários e usufrutuários não possam receber as indemnizações a que tenham direito sem provarem não terem recebido qualquer importância dos possuidores pela cedência da posse ou terem restituído aos mesmos as importâncias pagas para esse fim, conquanto se facilite essa prova.

Nestes termos:

O Governo decreta, nos termos da alínea a) do n.º 1 do artigo 201.º da Constituição, o seguinte:

Artigo 1.º – 1. Consideram-se áreas de construção clandestina aquelas em que se verifique acentuada percentagem de construções efectuadas sem licença legalmente exigida, incluindo as realizadas em terrenos loteados sem a competente licença.

2. As áreas de construção clandestina poderão, consoante as circunstâncias, ser objecto de medidas tendentes à legalização das mesmas, à sua manutenção temporária ou à sua imediata ou próxima demolição.

3. As medidas previstas no número anterior poderão ser aplicadas conjuntamente dentro da mesma área se esta apresentar zonas com diferentes condições.

Artigo 2.º – 1. Deverá procurar-se a legalização, em princípio, quando se verifiquem cumulativamente os seguintes requisitos:

a) Ser aceitável, sob o aspecto de ordenamento do território, a ocupação da área para fins habitacionais;

b) Serem técnica e economicamente viáveis a implantação ou melhoramento das infra-estruturas urbanísticas e a instalação do equipamento social indispensável;

c) Serem aceitáveis, em significativa percentagem no conjunto da área, as construções existentes nos aspectos de solidez, segurança e salubridade ou serem susceptíveis de assim se tornarem através de obras economicamente justificáveis.

2. A apreciação do requisito a que se refere a alínea c) do número anterior poderá considerar a progressiva beneficiação das construções, salvo se houver justificado receio de perigo para os ocupantes ou para o público.

3. Para os efeitos do número anterior e da alínea c) do n.º 1 poderão ser fixadas, em portaria ministerial, condições mínimas de habitabilidade das construções, nos diversos aspectos pertinentes.

4. Na decisão sobre a legalização ter-se-á em especial atenção o número de construções existentes e a situação económico-social da generalidade das populações das áreas, de modo a conceder-se especial protecção aos agregados familiares de menores recursos económicos.

Artigo 3.º – 1. Deverá procurar assegurar-se, em princípio, a manutenção temporária da área, desde que: (*)

a) A sua ocupação, para fins habitacionais, seja inaceitável sob o aspecto de ordenamento do território;

b) Não seja necessária a imediata ou próxima ocupação da área para a realização de qualquer empreendimento público;

c) A manutenção das construções existentes e da sua ocupação não apresente perigos, para os ocupantes ou para o público, que não possam ser afastados através de obras ou beneficiações economicamente justificáveis, em atenção ao período pelo qual se presume possível a ocupação da área.

(*) Tem a redacção dada pelo DL 90/97, de 9/3.

2. É aplicável às decisões sobre manutenção temporária de áreas clandestinas o princípio estabelecido no n.º 4 do artigo anterior.

Artigo 4.º Deverá decidir-se a demolição das construções clandestinas da área sempre que se verifique qualquer das circunstâncias referidas nas alíneas b) e c) do n.º 1 do artigo anterior. (*)

Artigo 5.º Uma vez verificada pelos serviços competentes da Administração uma zona de construção clandestina, aplicar-se-á o disposto no capítulo XI do Decreto-Lei n.º 794/76, de 5 de Novembro, com as necessárias adaptações. (*)

Artigo 6.º – 1. Quando, após os adequados estudos preliminares, se presuma ser aceitável a legalização de uma área de construção clandestina, deve a Administração preparar um projecto para a urbanização ou reconversão da mesma, no qual serão previstos, além do mais que seja conveniente: (*)

a) O equipamento social e as infra-estruturas a instalar ou melhorar e o volume das despesas a realizar para esse efeito;

b) As redistribuições, correcções ou reduções que eventualmente se mostrem indispensáveis nos diversos lotes para o adequado reordenamento da área, incluindo a obtenção dos terrenos necessários para as infra-estruturas e o equipamento social;

c) A comparticipação, a assumir pelos proprietários ou possuidores do terreno e construções existentes na área, nas despesas com a instalação ou melhoria das infra-estruturas e equipamento social, quando e na medida em que tal comparticipação for considerada socialmente justa e possível;

d) A comparticipação, a assumir pelos proprietários ou possuidores dos terrenos por eles loteados clandestinamente, nas despesas necessárias para a eliminação dos prejuízos e inconvenientes causados pelos loteamentos clandestinos.

2. O projecto poderá incluir, no grau que for conveniente, directrizes ou normas sobre as beneficiações ou outras obras a efectuar nas

---

* Tem a redacção dada pelo DL 90/97, de 9/3.

construções existentes, como requisito da legalização, embora sob a forma de execução progressiva.

3. O reordenamento dos lotes referidos na alínea b) do n.º 1 deverá ser proporcional, em princípio, às respectivas superfícies, procurando-se salvaguardar, porém, não só as construções existentes que se possam manter, mas também os lotes que, pelas suas mais reduzidas áreas, não sejam susceptíveis de correspondente redução sem prejuízo da edificabilidade.

Artigo 7.º – 1. O projecto a que se refere o artigo anterior poderá prever:

a) O pagamento em prestações das comparticipações contempladas nas alíneas c) e d) do n.º 1 do mesmo artigo;

b) A concessão de empréstimos para a beneficiação ou outras obras exigidas para a legalização das construções;

c) A realização pela Administração, embora através de empreitada, das obras a que se refere a alínea anterior, com o pagamento posterior do respectivo preço à Administração, pelos interessados, em prestações, com ou sem juros.

2. Qualquer das facilidades admitidas no número anterior poderá ser prevista para todos os interessados ou apenas para aqueles cujos agregados familiares tenham rendimentos inferiores a certos limites.

3. Os empréstimos previstos na alínea b) do n.º 1 e a responsabilidade pelos pagamentos previstos na alínea c) do mesmo preceito serão objecto de garantia adequada.

Artigo 8.º – 1. O projecto poderá prever que os terrenos da área passem a pertencer à Administração em propriedade, ficando os possuidores dos lotes ou construções exclusivamente com direito de superfície.

2. Será obrigatório este regime para as áreas de construção clandestina que constituam novos aglomerados urbanos ou expansão de aglomerados sujeitos ao disposto no n.º 1 do artigo 2.º do Decreto-Lei n.º 794/76, de 5 de Novembro.

Artigo 9.º Elaborado o projecto para a legalização de uma área de construção clandestina, a Administração deverá procurar obter a concordância dos proprietários e possuidores dos terrenos e construções abrangidos pelo projecto para a respectiva execução, designadamente quanto aos seguintes aspectos:

a) Reordenamento dos lotes;

b) Pagamento das comparticipações a que se referem as alíneas c) e d) do n.º 1 do artigo 6.º

Artigo 10.º – 1. Se for obtido o acordo de parte significativa dos interessados, em termos de se mostrar viável a execução do projecto, tal como foi elaborado ou com modificações por aqueles sugeridas e aceites pela Administração, deverá proceder-se, com as devidas adaptações, nos termos do capítulo V do Decreto-Lei n.º 794/76, de 5 de Novembro, e expropriar-se por utilidade pública os terrenos e construções dos restantes.

2. As indemnizações pela expropriação de terrenos serão arbitradas nos termos do artigo 3.º do Código das Expropriações, deduzida a quota proporcional das despesas prováveis a realizar com as infra-estruturas se o expropriado tiver loteado clandestinamente o terreno.

3. As indemnizações das construções serão arbitradas com base no valor do terreno, como prédio rústico, e dos materiais e do custo da mão-de-obra utilizada, na altura da construção, deduzida a quota proporcional das despesas prováveis a realizar com as infra-estruturas.

4. O pagamento das indemnizações a que se referem os n.os 2 e 3 é feito nos termos do título VI do Código das Expropriações.

5. Se as construções não puderem ser mantidas, proceder-se-á à respectiva demolição, observando-se, com as devidas adaptações, o disposto sobre demolição de edifícios em zonas críticas de recuperação e reconversão urbanísticas no capítulo XI do Decreto-Lei n.º 794/76, de 5 de Novembro.

Artigo 11.º – 1. Quando se não mostre viável a execução do projecto de legalização de uma área de construção clandestina através da associação com os interessados, poderá a Administração optar:

a) Pela manutenção temporária da área, nos termos do artigo seguinte;

b) Pela expropriação de toda a área, ou de parte dela, e das construções que se possam manter, com demolição das restantes;

c) Pela demolição de todas as construções clandestinas.

2. É aplicável às indemnizações pela expropriação e à demolição das construções o disposto nos n.os 2 a 5 do artigo anterior.

Artigo 12.º – 1. Quando, após os adequados estudos preliminares, se considerar que uma área de construção clandestina pode ser mantida temporariamente, deverá ser a mesma delimitada nos termos do artigo 5.º

2. Logo que se torne desaconselhável o prolongamento da manutenção da área de construção clandestina, por-se-á fim à ocupação da mesma, promovendo-se a demolição das construções nela existentes e expropriando-se, se for necessário, os respectivos terrenos.

Artigo 13.º – 1. Nas expropriações de imóveis situados em áreas de construção clandestina, como tais identificadas pelo expropriante, consideram-se sempre como interessados, além dos demais, os respectivos possuidores.

2. Os referidos possuidores deverão ser identificados pelo expropriante.

3. Os proprietários e usufrutuários dos imóveis não poderão receber as indemnizações a que tenham direito sem que provem não ter recebido qualquer importância dos possuidores pela cedência da posse ou terem restituído aos mesmos as importâncias pagas para esse fim.

4. A prova a que se refere o número anterior pode ser feita por qualquer meio, designadamente por declaração dos possuidores indicados pelo expropriante ou por documento passado pelos órgãos da Administração que hajam procedido aos inquéritos e estudos sobre a área de construção clandestina.

5. Se a questão se mostrar de complexa indagação, a entrega da indemnização aguardará o esclarecimento do facto através dos meios judiciais comuns.

Artigo 14.º – 1. A Administração, sempre que tal lhe for possível, deverá facultar aos possuidores de lotes ou construções situadas em áreas de construção clandestina e destinados à habitação do possuidor ou do respectivo agregado familiar, que não sejam susceptíveis de legalização, lotes, em propriedade ou em direito de superfície, destinados ao mesmo fim.

2. Os lotes deverão ser cedidos em direito de superfície nos casos previstos no n.º 2 do artigo 8.º.

3. Quando os terrenos disponíveis pela Administração não sejam suficientes para satisfazer todos os interessados será dada preferência àqueles cujas construções sejam prioritariamente demolidas e cujos agregados familiares tenham menos recursos económicos.

Artigo 15.º A Administração poderá conceder aos possuidores de lotes ou construções situados em áreas de construção clandestina e destinados a habitação própria ou do respectivo agregado familiar, que não sejam susceptíveis de legalização, empréstimos ou subsídios não reembolsáveis, quando, em virtude das suas precárias condições económicas e das circunstâncias em que se tenha verificado a aquisição do lote, a privação do terreno ou a demolição da construção constituam um prejuízo incomportável para a economia do agregado familiar.

Artigo 16.º (*) – 1. Os proprietários ou possuidores de terrenos que, directamente ou através de outras pessoas, tenham procedido ao respectivo loteamento sem a competente licença e, embora por negócio juridicamente inválido, hajam cedido lotes ou permitido a sua utilização para construção são obrigados a indemnizar a Administração pelas despesas que esta tenha de suportar com a instalação ou o melhoramento das infra-estruturas que sejam necessárias para suprir as carências ou insuficiências resultantes dos loteamentos clandestinos e das construções a que estes deram causa ou tornaram possíveis.

2. As indemnizações serão fixadas tendo em conta, designadamente, em relação a cada responsável:

a) A proporção entre a superfície total da área de construção clandestina e a dos terrenos por ele loteados clandestinamente;

b) Os lucros por ele obtidos.

3. Serão levados em conta das indemnizações os valores dos terrenos com que os responsáveis hajam contribuído para a execução do projecto de legalização da área de construção clandestina, nos termos do disposto nos artigos 9.º e 10.º.

---

* Tem a redacção dada pelo DL 90/97, de 9/3.

4. Considera-se extinta a responsabilidade a que se refere o n.º 1 se o responsável aceitar e satisfizer a comparticipação para a execução do projecto de legalização da área de construção clandestina, nos termos do disposto na alínea d) do n.º 1 do artigo 6.º e nos artigos 9.º e 10.º

5. Na falta de acordo sobre a existência de responsabilidade e os quantitativos das indemnizações, a Administração exercerá os seus direitos através dos meios ordinários no tribunal comum.

Artigo 17.º Não são susceptíveis de legalização as áreas que tenham sido objecto de loteamento clandestino ou de cedência para construção em fraude à exigência legal de licença de loteamento depois da entrada em vigor do Decreto-Lei n.º 275/76, de 13 de Abril.

Artigo 18.º Fica revogado o Decreto-Lei n.º 278/71, de 23 de Junho.

Visto e aprovado em Conselho de Ministros. – Mário Soares.

Promulgado em 22 de Outubro de 1976.

Publique-se.

O Presidente da República, ANTÓNIO RAMALHO EANES.

ENQUADRAMENTO HISTÓRICO E QUADRO LEGAL DAS AUGI

O articulado anterior, Lei 91/95 com as respectivas alterações, é o actual quadro legal mais importante para a reconversão de bairros clandestinos, mas não é o único. Na verdade, a Lei 91/95 remete de forma directa ou indirecta para outros diplomas legais que se aplicam, quer para a elaboração dos projectos de reconversão, quer para as formalidades que visam a obtenção de pareceres e a sua aprovação pelas entidades administrativas competentes, de que transcrevemos, nos locais próprios das diversas anotações, algumas disposições que nos pareceram oportunas.

Dado que os mais importantes dos supra mencionados diplomas estão editados com as necessárias anotações, de forma a serem facilmente interpretados por aqueles que precisam de lhes dar aplicação prática, entendemos não haver necessidade de os transcrever e comentar neste trabalho.

Março de 2005

ANTÓNIO JOSÉ RODRIGUES

BIBLIOGRAFIA CONSULTADA
SOBRE AS ÁREAS URBANAS DE GÉNESE ILEGAL E OUTRAS OBRAS SOBRE DIPLOMAS COM INTERESSE

Amaral, Diogo Freitas
- Apontamentos de Direito do Urbanismo – Edição policopiada da Faculdade de Direito da Universidade Nova de Lisboa – 2002;
- Curso de Direito do Urbanismo – Almedina – Outubro 2001;
- Curso de Direito Administrativo – Almedina – 1987, e outros volumes de Edição policopiada da Faculdade de Direito da Universidade Nova de Lisboa;

Amaral, Diogo Freitas /João Caupers/João Martins Claro
- Jurisprudência Administrativa (Colectânea) Associação Académica da Faculdade de Direito de Lisboa – 1990;

Amaral, Diogo Freitas /João Caupers/João Martins Claro/João Raposo/ Maria da Glória Dias Garcia/ Pedro Siza Vieira/Vasco Pereira da Silva.
- Código do Procedimento Administrativo, Anotado – Com Legislação Complementar – ALMEDINA, 4.ª edição, 2003

Antunes, Luís Filipe Colaço
- Direito Urbanístico (Um Outro Paradigma: A Planificação Modesto-Situacional) Almedina – Abril de 2002.

Ascensão, José de Oliveira
- Direito Civil (Reais) 4.ª Edição, reimpressão, Coimbra Editora, Lda., 1987.
- O Direito, Introdução e Teoria Geral, 4.ª Edição revista, Editorial Verbo, 1987.

Botelho, José Manuel da S. Santos/Américo J. Pires Esteves/José Cândido de Pinho
– Código do Procedimento Administrativo, Anotado – Comentado – Jurisprudência – ALMEDINA, 2.ª edição, 1992.

Canotilho, J. J. Gomes
– Direito Constitucional (4.ª edição) Almedina – 1989

Canotilho, J. J. Gomes /Vital Moreira
– Constituição da República Portuguesa Anotada (2.ª edição revista e ampliada) Coimbra Editora – 1985

Correia, Fernando Alves
– Estudos de Direito do Urbanismo – Almedina – 1998;
– As Grandes Linhas da Recente Reforma do Direito do Urbanismo Português – Almedina – 2000;
– Manual de Direito do Urbanismo – Volume I – Almedina – Novembro de 2001;
– O Plano Urbanístico e o Princípio da Igualdade – Colecção Teses – Almedina – Fevereiro de 2001 (2.ª Reimpressão);

Correia, Fernando Alves, António Moreira Barbosa de Melo, Fernanda Paula Oliveira, Dulce Margarida de Jesus Lopes e Joana Maria Pereira Mendes
– Direito do Urbanismo e Autarquias Locais – CEDOUA. FDUC. IGAT (Edição Almedina – Abril 2005);

Costa, David Carvalho Teixeira
– Dissertação para obtenção do Grau de Mestre em Engenharia Civil, sobre AUGI – Outubro de 2008, IST, Universidade Técnica de Lisboa;

Dias, José Figueiredo /Fernanda Paula Oliveira
– Direito Administrativo – CEFA – 2001

Duarte, David
– Procedimentalização, Participação e Fundamentação: para uma concretização do princípio da imparcialidade administrativa como parâmetro decisório – Almedina – 1996;

Matos, Manuel de Carvalho (advogado e Mestre em Direito)
– "O Direito à habitação", FOLIO edições, Fevereiro de 2001, 1.ª edição.

Mendes, Isabel Pereira
– Código do Registo Predial – anotado, legislação complementar, formulário, 5.ª Edição, 1992

Miranda, Jorge
– Manual de Direito Constitucional (2.ª edição revista) Coimbra Editora – 1987

Neves, João do Couto
– Manual das expropriações – Almedina (anotado) 2002

Novais, Jorge Reis
– Contributo Para Uma Teoria do Estado de Direito – Almedina – 1987

Oliveira, Fernanda Paula
– Direito do Urbanismo – CEFA – 2000;
– Instrumentos de Participação Pública em Gestão Urbanística – CEFA – 2000;
– As Medidas Preventivas dos Planos Municipais do Ordenamento do Território – Alguns Aspectos do seu Regime Jurídico, 1998, Colecção Studia Iuridica, Coimbra Editora;
– As Medidas Preventivas dos Planos Municipais do Ordenamento do Território – Alguns Aspectos do seu Regime Jurídico, 1998, Colecção Studia Iuridica, Coimbra Editora;
– A Organização Administrativa do Planeamento Urbanístico em Portugal, AB UNO AD OMNES, 75 Anos da Coimbra Editora, Coimbra Editora, 1998;

– Direito do Urbanismo, Coimbra, CEFA, 2000;

Oliveira, Fernanda Paula /Dulce Lopes
– Implicações Notariais e Registais das Normas Urbanísticas – Almedina, Reimpressão da Edição de 2004

Paixão, José da Silva /Carlos A.F. Cadilha
– Legislação da Administração Local – Almedina – 1997 – 2.ª Edição;

Reis, João Pereira
– Lei de Bases do Ambiente (anotada e comentada) – Almedina – 1992;

Reis, João Pereira /Margarida Loureiro
– RJUE – Regime Jurídico da Urbanização e da Edificação (anotado) – Almedina – Janeiro de 2002;

REVISTA JURÍDICA DO URBANISMO E DO AMBIENTE
– N.º 13, Junho de 2000 – Almedina

Rodrigues, António José
– RJUE – Regime Jurídico da Urbanização e da Edificação (Anotado, comentado e jurisprudência) – CEFA – Junho de 2002;

ÍNDICE

Capítulo	Artigo	Epígrafe	Pag.
		INTRODUÇÃO	9
I		Do objecto	31
I	1.º	Âmbito de aplicação	31
I	2.º	Regime especial de divisão de coisa comum	34
II		Princípios gerais	36
II	3.º	Dever de reconversão	36
II	4.º	Processo de reconversão urbanística	38
II	5.º	Áreas parcialmente classificadas como urbanas ou urbanizáveis	39
II	6.º	Cedências	40
II	7.º	Construções existentes	42
III		Do Regime da administração dos prédios integrados na AUGI	43
III	8.º	Administração conjunta	43
III	9.º	Composição da assembleia	45
III	10.º	Competências da assembleia	49
III	11.º	Convocação da assembleia	51
III	12.º	Funcionamento da assembleia	55
III	13.º	Sistema de votação	61
III	14.º	Comissão de administração	68
III	15.º	Competências da comissão de administração	70
III	16.º	Destituição da comissão de administração	73
III	16.º-A	Comissão de fiscalização	74
III	16.º-B	Competências da comissão de fiscalização	75
III	16.º-C	Gestão financeira da AUGI	76
III	17.º	Cessação da administração conjunta	79
IV		Do Processo de reconversão	80
IV I		Reconversão por iniciativa de particulares	80
IV I	17.º-A	Informação prévia	80
IV I	18.º	Pedido de loteamento	81

IV	I	19.º	Apreciação liminar	85
IV	I	20.º	Consultas	85
IV	I	21.º	Rectificações e alterações	87
IV	I	22.º	Vistoria	87
IV	I	23.º	Construções posteriores à deliberação de reconversão	89
IV	I	24.º	Deliberação sobre o pedido de licenciamento da operação de loteamento	90
IV	I	25.º	Deliberação sobre o pedido de licenciamento de obras de urbanização	92
IV	I	26.º	Conteúdo da deliberação	93
IV	I	27.º	Caução de boa execução das obras	94
IV	I	28.º	Publicidade da deliberação	97
IV	I	29.º	Alvará de loteamento	100
IV	I	30.º	Actos de registo predial e deveres fiscais	101
IV	I	30.º-A	Normas fiscais	107
IV	II		Reconversão por iniciativa municipal	109
IV	II	31.º	Processos de reconversão por iniciativa municipal	109
IV	II	32.º	Modalidades de reconversão por iniciativa municipal	112
IV	II	33.º	Garantia da execução das infra-estruturas	114
IV	II	34.º	Medidas complementares	115
IV	III		Delimitação da AUGI	116
IV	III	35.º	Pedido da declaração da AUGI	116
V			Da divisão da coisa comum	117
V		36.º	Modalidades da divisão	117
V	I		Divisão por acordo de uso	119
V	I	37.º	Requisitos	119
V	I	38.º	Divisão	128
V	I	39.º	Registo predial	131
V	II		Divisão judicial	133
V	II	40.º	Regime	133
V	II	41.º	Processo	143
V	II	42.º	Conferência de interessados e adjudicação	146
V	II	43.º	Tornas	147
V	II	44.º	Obrigações fiscais	147
VI			Disposições gerais	148

VI	45.º	Loteamentos ilegais	148
VI	46.º	Condições mínimas de habitabilidade	150
VI	47.º	Arrendamento	151
VI	48.º	Áreas insusceptíveis de reconversão urbanística	151
VI	49.º	Taxas	153
VI	50.º	Processo de legalização de construções	154
VI	51.º	Licenciamento condicionado	156
VI	52.º	Embargo e demolição	157
VI	53.º	Dispensa de licenciamento de demolição	158
VI	54.º	Medidas preventivas	159
VI	55.º	Processos iniciados	161
VI	56.º	Comparticipação nos custos das obras de urbanização	162
VI	56.º-A	Avaliação anual	164
VI	57.º	Prazo de vigência	165

Portaria n.º 243/84, de 17 de Abril   169

Decreto-Lei n.º 804/76, de 6 de Novembro   173

Bibliografia Consultada   185